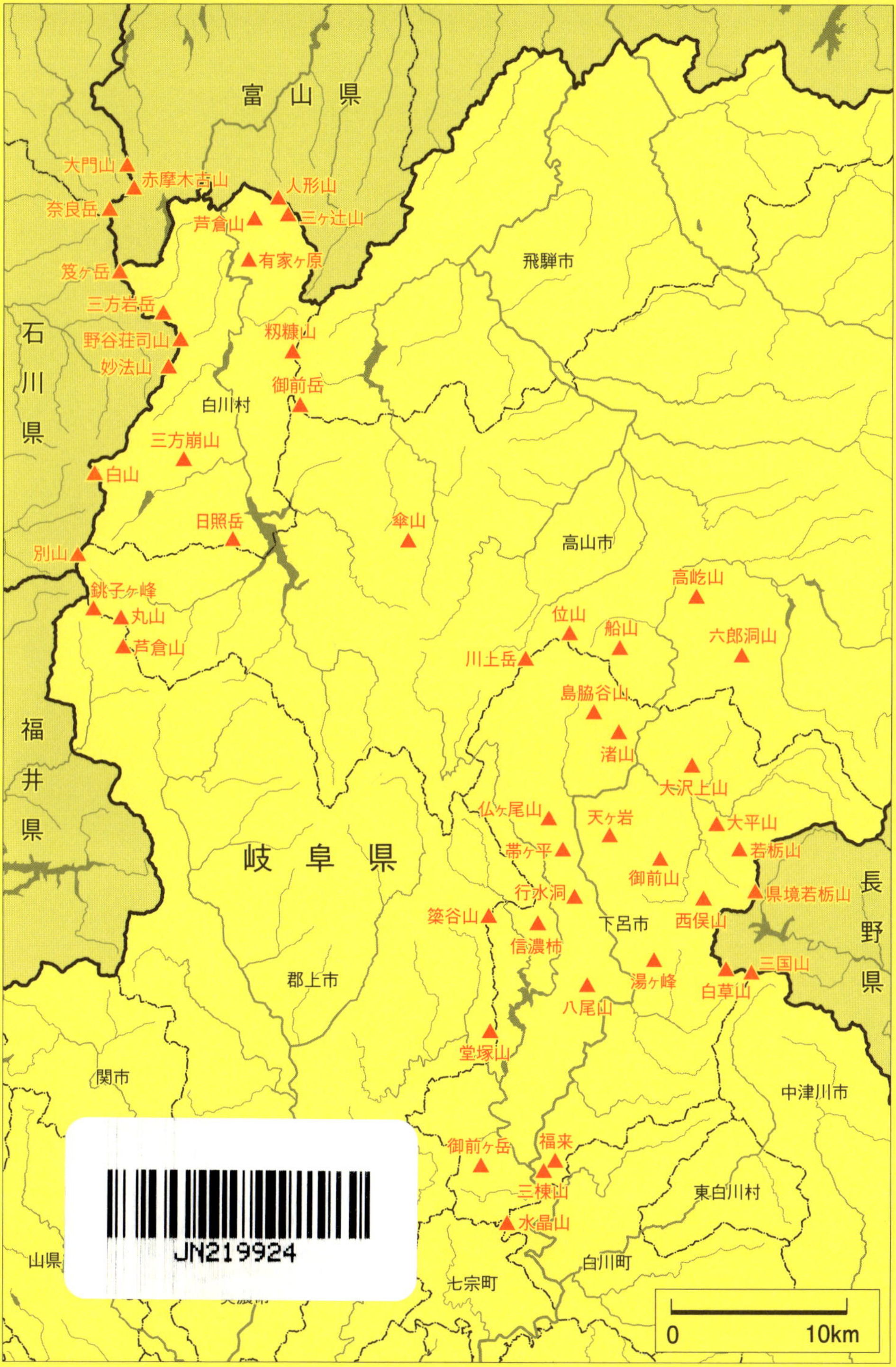
富 山 県
石 川 県
福 井 県
岐 阜 県
長 野 県
大門山
赤摩木古山
奈良岳
人形山
三ヶ辻山
芦倉山
有家ヶ原
笈ヶ岳
三方岩岳
野谷荘司山
妙法山
籾糠山
御前岳
白川村
三方崩山
白山
日照岳
別山
銚子ヶ峰
丸山
芦倉山
飛騨市
傘山
高山市
高屹山
位山
船山
六郎洞山
川上岳
島脇谷山
渚山
大沢上山
仏ヶ尾山
天ヶ岩
大平山
帯ヶ平
若栃山
御前山
行水洞
県境若栃山
簗谷山
信濃柿
下呂市
西俣山
三国山
湯ヶ峰
白草山
八尾山
郡上市
堂塚山
関市
中津川市
御前ヶ岳
福来
三棟山
水晶山
東白川村
白川町
七宗町
山県
0
10km

岐阜の山旅 飛騨

The Mountain Trip of Gifu : Hida Area

Koichi Yoshikawa
吉川幸一 編著

風媒社

本書を利用される方へ

本書に収録されているのは、主に岐阜県飛騨地方のうち、飛騨川水系中流と荘川水系に広がる山々です。行政区では下呂市、白川村、高山市荘川町となり、十年ほどの間に踏査してきたものです。登山ルートは普通に登山道のあるものから、ほとんど道がなく踏み跡程度のもの、まったく道のない山も含まれます。登山道のない山は残雪期を利用して登っているものもあります。

難易度

これらについては★印で難易度を示しています。★★★★の山に入るには薮山歩きの経験者と同行するか、地形図を良く読み込んで地形を把握して入山し、行動中は絶えず現在地を確認しながら登るようにして下さい。⛄印の残雪期の山も同様です。これらの山への入山は未知の領域も多く、山登りの原点ともいえる山行が楽しめるでしょう。★★★★の山や⛄印の山には、天候の良い時を見計らって是非挑戦していただきたいと思います。

★★　遊歩道として整備されている道

★★　ルートが比較的明瞭な登山道

★★★　薮などでルートのわかり難い所のある道

★★★★　部分的に道がまったくないか、ルートを通してまったく道のない山

⛄　道がなく残雪を利用して登る山。道のある山を積雪期に登った山を含む。

行程

行程については、🥾印で示しています。概ね🥾一つで山頂までの登高時間が一時間を表しています。🥾四つでは登高四時間以上となります。積雪期では積雪量や雪の状態によって登行時間が大きく変わりますので、余裕を持って計画してください。

山行の注意点

登山道は★印の多少に関わらず安全ということはあり得ません。浮石、濡れ落ち葉、滑《ぬめ》った岩、木の根などでの転倒に依り、捻挫・骨折で動けなくなったり、下山が大幅に遅れる、暗くなることもあります。ヘッドライト・非常食・予備水等の非常用装備や、ツェルト・防寒具などのビバーク用装備は必ず携行するようにして下さい。水がないと折角非常食を持ってい

ても何も食べられなくなりますので、予備の水を下山まで持つようにします。

単独行はアクシデント発生時の対応が難しくなる、また、発見が遅くなり手遅れになることもありますので、極力複数の仲間でパーティを組んで入山するようにして下さい。

★四つや⛄印の山に入るには、登りよりもむしろ下山ルートの確保の方が重要になります。登りの場合には基本的に上へ上へと登るので仮に間違えても諦めて、早めに元来た通りに下るだけです。下りでは、登りと下りでは景色が違って見えたり、⛄跡印の山では降雪や雨でトレースが消えてしまったりすることもあります。

尾根の分岐点や下降点などをはじめ間違いやすい所などに赤布などの目印を付け、下降ルートを確保するようにします。この場合、後日登られる人は未知の山として――未知の山を登ることを期待して登られる方もありますので、目印は特に重要な所以外は撤収するようにします。

また、本書に収録されている山では、白山山域以外では道標が整備されている山はほとんどなく、地形図（2万5000分の1）必携の上現在地とルートの確認できる力量を身に着けていただきたいと思います。

アクセスなど

入山では公共交通機関はごく限られた山しか利用できませんので、登山口（取付）までは車の利用を前提として記載しています。林道に入ることも多く、車高の高い車や四駆車、また小回りの利く車が有利です。林道は作られてから年月の経っているものが多く、洪水などで荒れて入れなくなっている場合もありますので、入山前に地元に問い合わせをするのが無難です。

登山時期としては、1000mクラスの山では夏場は暑くて大変です。逆に広葉樹の二次林も多く、新緑の時期や秋の紅葉は目を楽しませてくれます。ブヨに見舞われることがありますので、特に夏にかけては虫除けネットが必要です。白山周辺では高山植物の宝庫となりお花畑を楽しめます。

各山の記事の合間に「やぶ山ばなし」を付け足しています。この項は特に藪山の話を記したのではなくて、登山を続けてきた中で感じた事、山とその自然について知り得た事などを記しています。登山する上での参考にしていただければ、と思います。

本書を利用される方へ　2

飛騨川水系の山

1 水晶山　687・4m……6
2 御前ヶ岳　663・7m……8
3 三棟山　629・6m……10
4 福　来　684・8m……10
5 堂塚山　885・2m……13
6 信濃柿　1047・5m
～坂本　851・2m……15
7 梁谷山　1213・6m……18
8 白草山　1641m……20
白草山／御厩野～白草山／鞍掛峠～白草山
9 三国山　1610・9m……26
10 湯ヶ峰　1067m……28
11 八尾山　1100・6m……30
12 行水洞　1069・5m……33
13 帯ヶ平　930・4m……35
14 御前山　1646・3m……37
上村～御前山／桜洞～御前山
15 天ヶ岩　1052m……41
16 仏ヶ尾山　1139・4m……43
17 島脇谷山　1324・9m……45
18 渚　山　1077m……48
19 川上岳　1625・9m……50
20 位　山　1529・2m……52
21 船　山　1479・6m……54
22 高屹山　1303・1m……56
23 六郎洞山　1479・4m……59
24 大沢上山　1366・9m……61

25 大平山 1529・2m …… 63
26 西俣山 1593・7m …… 64
27 若栃山 1593m …… 66
28 県境 若栃山 1546・2m …… 68

白山・庄川水系の山

29 傘 山 1331・4m …… 72
30 芦倉山～大日ヶ岳 1716m 1708m …… 74
31 丸山 1786m～芦倉山 1716・7m …… 77
32 銚子ヶ峰 1810・4m …… 82
33 白 山 2702・2m …… 83
室堂から別山／大倉尾根～白山北縦走路を行く／白山北縦走路
34 日照岳 1751・3m …… 95
35 三方崩山 2058・8m …… 98
36 三方岩岳～37 野谷荘司山 1797・3m …… 100
38 御前岳 1816・5m …… 103
39 籾糠山 1744・3m …… 105
40 有家ヶ原 1263・2m …… 107
41 芦倉山 1123・6m …… 110
42 奈良岳 1644・3m …… 112
43 人形山 1726m …… 114
44 三ヶ辻山 1764・4m …… 114

＊コラム「やぶ山ばなし」
クマについて 17／事故事例① 25
事故事例② 79／登山届け義務化の動き 104
笹枯れについて 116

参考文献 117 あとがき 118

1 水晶山《すいしょうざん》 687・4m

義民の里から飛騨金山の山へ

難易度◉★★★　健脚度◉　地形図◉「金山」

水晶山山頂

水晶山の山頂は飛騨金山町と美濃白川町とを分ける境界より少し南に入っており、山頂を見れば美濃の山ではあるが、ここでは飛騨の山として取り上げた。山頂には無線アンテナが建ち、これが金山付近から望まれる。

県道関金山線の田中より室洞川沿いの林道を南下する。林道の橋に出会うと橋の名は義民の里橋、川の名前は田中川となっている。橋を西側に渡り耕地整理された田の端の山際に、義民助兵衛の碑が建つ。江戸時代初期、重税に喘ぐ農民を押し留めて単身江戸に赴き、尾張藩主徳川光友に減税を直訴したかどで、捕えられ牢死した中島助兵衛の行いを讃えての碑である。

田中川義民の里橋

碑より両側の山の迫った狭い谷間の林道をひた走り、南側の開けた峠より東に入る林道が登山口となる。南側の斜面は伐採されて間もなく、殺風景な感じである。峠より東の林道にはゲートがあり、峠付近に車を止める。

ゲートの横を抜け道なりに林道を歩く。材木の集積場のような広場を通り、尾根の西側に付けられた林道を北上していくと、東側の開けた所に着く。水晶山につながる尾根が削り取られていて、ここを少し回り込んだところから尾根に取り付く。尾根には

中島助兵衛義民の碑

晩秋の林道

林道入口ゲート

作業道らしき道がつけられていて、これを辿っていく。一ヶ所道の崩れてなくなったところを慎重に抜け、植林地の中の分岐を左手の道に入り、頭上にコンクリートの壁の見えるあたりから藪を漕いで急登すると、水晶山を回り込んできた林道に出会う。後は林道伝いに登ると山頂のアンテナ基地の下に出る。三角点はフェンスを西から回り込んだところにある。

下山時、植林地で風景があまり変化がないので、方向を失わないように注意したい。

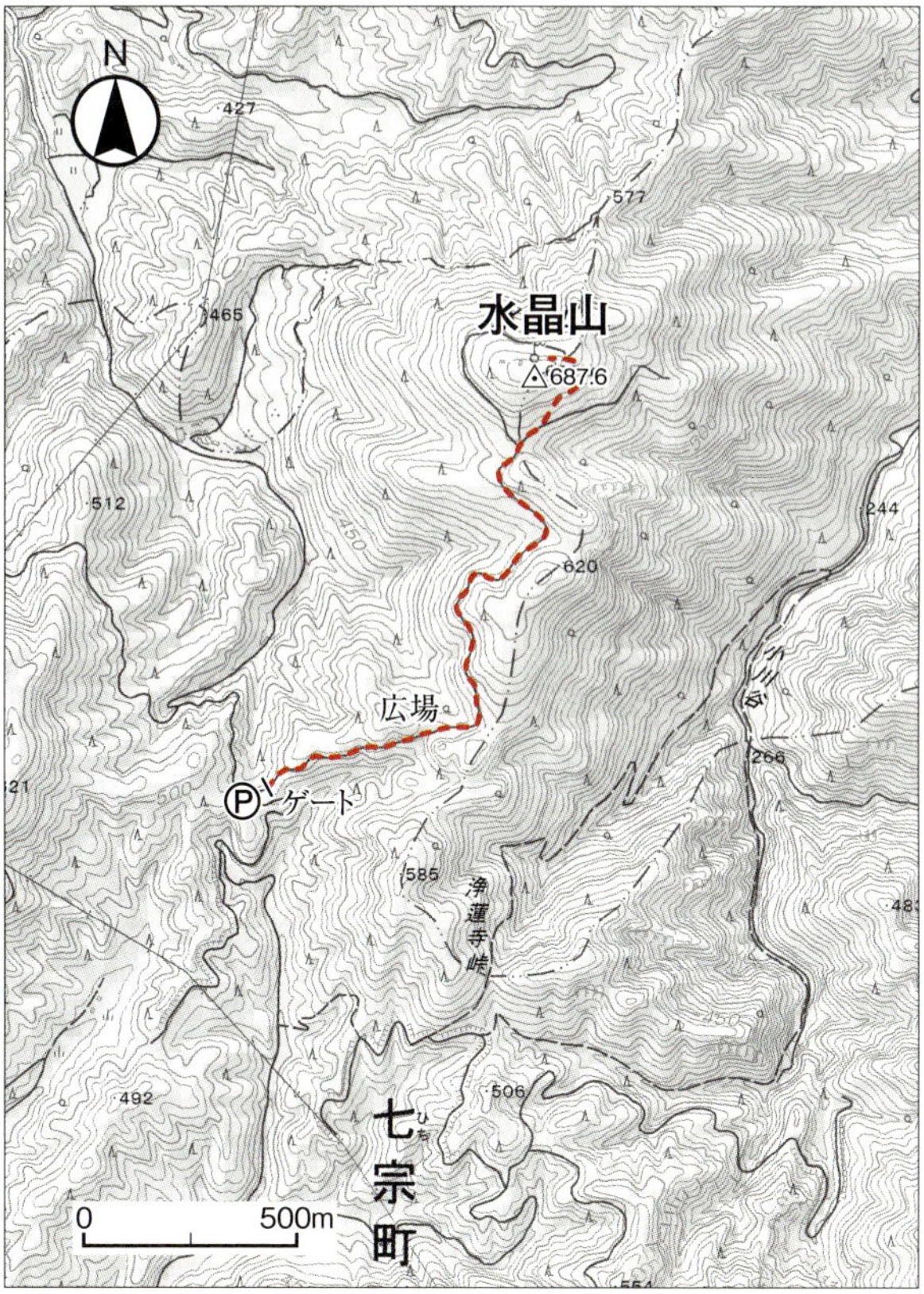

［地図］国土地理院の電子地形図 25000 を掲載

［コースタイム◉１時間 40 分］

林道峠のゲート……（50 分）……水晶山……（50 分）……林道峠のゲート

踏査年月日◉2011・12・1

2 御《ご》前《ぜん》ヶ《が》岳《たけ》

御岳講の里山を登る

663・7m

難易度◉★★★　健脚度◉👟　地形図◉「美濃川合」

御前ヶ岳山頂

御前ヶ岳は飛騨金山町の西にあり、県道関‐金山線の菅田桐洞より登る。「続ぎふ百山」によれば、「益田郡金山町には、白山の開祖、泰澄大師にまつわる伝承や遺跡が数多くある。」一方、「地理的条件からいえば、むしろ御嶽信仰の勢力下にあると思われるが、御嶽講の外、神社は見当たらない。」「わずかにこの御前ヶ岳の山頂に祀るのみである。」という。

御前と付く名の山は、萩原には御前山があり白川郷の東には御前岳がある。御前山は御嶽山遥拝の山で、桜洞と上村との二本のルートがあり山頂からは御嶽山が大きく望まれる。御前岳は白山を展望する山となるが、登山道はなく残雪期の山となる。

御前ヶ岳山頂石碑

御前ヶ岳へは県道沿いの和田より北に入り、貝洞林道を北上する。山に突き当たったところ、静かな貝洞集落に着く。車を止めて登山準備をしていると民家から人が出てきて、山への道を教えていただいたが、話によるとどうも直接山頂に登る道があるらしい。車を止める場所の指示も

山頂にて

「山火事注意」の入口

いただいた。林道は村落の外れで左右に分かれていて、ゲートの生きる左手の林道から山に向かう。植林地となりしばらく登り、林道が右にヘアピンカーブしてから三本ほど山側に踏み跡を見る。その内の手前のもの、山火事注意の標識のところを選んで山に取りつく。植林地をしばらく急登すると支尾根らしくなり、支尾根状を選んで登っていく。30分ほどの登りで傾斜が緩くなり、西側の展望も少し出てきて山頂の一角に出る。山頂には「御嶽神社」「御前嶽権現」の二つの石碑の他、庭園に使う様な石灯篭が建っている。「続ぎふ百山」には灯篭の記述はないことや、使われている石の様子から、比較的新しい物と思われる。

　下山は少し北上して道を見つけて東側に下るとすぐに林道終点の広場に出る。山仕事用なのか小屋掛けもある。

　下山はこの林道を淡々と下る。途中、穴洞林道を北に分ける。

［地図］国土地理院の電子地形図 25000 を掲載

［コースタイム◉ 1 時間 40 分］

貝洞集落 ……（50 分）…… 御前ヶ岳 …… 林道 ……（50 分）…… 貝洞集落

踏査年月日◉ 2011・12・11

福来たる、というおめでたい名の山に登る

3 三棟山《みうねやま》 629・6m

4 福来《ふくらい》 684・8m

難易度◉ 健脚度◉ 地形図◉「焼石」「金山」

三山神社大権現

三棟山と福来は大垣山岳協会の会報「わっぱ」に記録が載っていたものが初見で最近はネットにもいくつか登場している。福来は点名で、北西に同じ地名があるので命名がわかるが、三棟山の名の由来はわからない。三棟山は金山の町から展望台などが見えている。

今回は前夜、下呂に泊っての山行である。夜中に外を見ると真っ白な雪景色で空は晴れているようである。昨日とは打って変わった雪景色の中、車を走らせ、中津原の橋を渡って登山口に向かう。中津原は高天良山に行くときと同じところである。天気予報では良くないが雪雲の外れに当るのか、空は晴れてきていた。ネットの情報通り簡易浄水場への林道に入るが、うっすらと積もった雪が凍結していて、車輪がスリップして上がらない。まだ朝早く、登山口近くの村落は静まり返っていて、駐車に丁度良い空き地もあるのだが勝手に止める訳にもいかないので、万福寺の前の空き地に車を止めさせていただく。

予定通りの時間に万福寺を出発。下川原簡易浄水場の右手を入り、右に沢を見ながら杉の植林地を登っていく。三棟山までは登山道として整備されているので道ははっきりしている。登山道にはやはり積雪が少々残っていた。鉄塔№19への巡視路への標識を左手に見送り、沢を離れ支尾根の末端から三棟山に向かう。支尾根の取付にも登山道の標識が立てられている。ジグザクに付けられた道を快適に登っていき、三棟山に到着。山頂には三山神社大権現と石碑に囲まれた祠が祀られていて、広場となっていた。西には展望台の東屋が作られている。案内板では白山なども見

三棟山山頂東屋

えることになっていたが、生憎の雪模様で確認できたのは簗谷山だけ。北西には頂稜の長い高い山が見えていて、川上岳と見られたが広域の地図がなく確認できなかった。

福来までは稜線でつながっていて、三棟山からは登路の支尾根とほぼ同じ高さであり、下山時に見に行ったが登山道はない模様。鉄塔No.19への分岐まで戻って休憩とした。昨夜の冷え込みがきつかったので、まだ凍結しているところもあり、アイゼンを付ける。

下川原簡易浄水場

福来へは送電線鉄塔の巡視路である。しばらくは稜線から西に離れて登っていき、No.19とNo.18との分岐で右にNo.19への道を分け、トラバース道に入る。雑木林の中、日陰になる右山のトラバース道はところどころ凍結していて、アイゼンを利かせる。やがてNo.18が見えて稜線に上がって、鉄塔下に到着。送電線はここで尾根を越えてNo.17鉄塔へ向かって下っている。ここからは稜線上にルートをとる。道はあるのだろうが雪に埋もれてはっきりしない。下生えにアセビの多い雑木林は見通しが良く、適当にルートが取れる。ひと登りしたところが６７１ｍ峰と思われたが行く手に大きな上りがあらわれてこちらが６７１ｍ峰とわかった。ここからこの峰を右に見てトラバース道となり、また鞍部にでた。鞍部よりはさらに左山でのはっきりした道が伸びていたが、これは室山の方に下っていく道と判断し、稜線に取り付く。アセビをかき分けて上っていき、福来の三角点に到着。この前日金華山の西山で見た標識と同じ名前の悠々山岳会の標識が付けられていた。写真を撮り、風が強いので少し戻って休憩をとった。

帰路は往路をそのまま戻った。登山口に戻ると雪はすっかり溶けて、一面の雪景色は黒々とした冬枯れの山々に戻っていた。

福来標識

山頂からの展望

万福寺

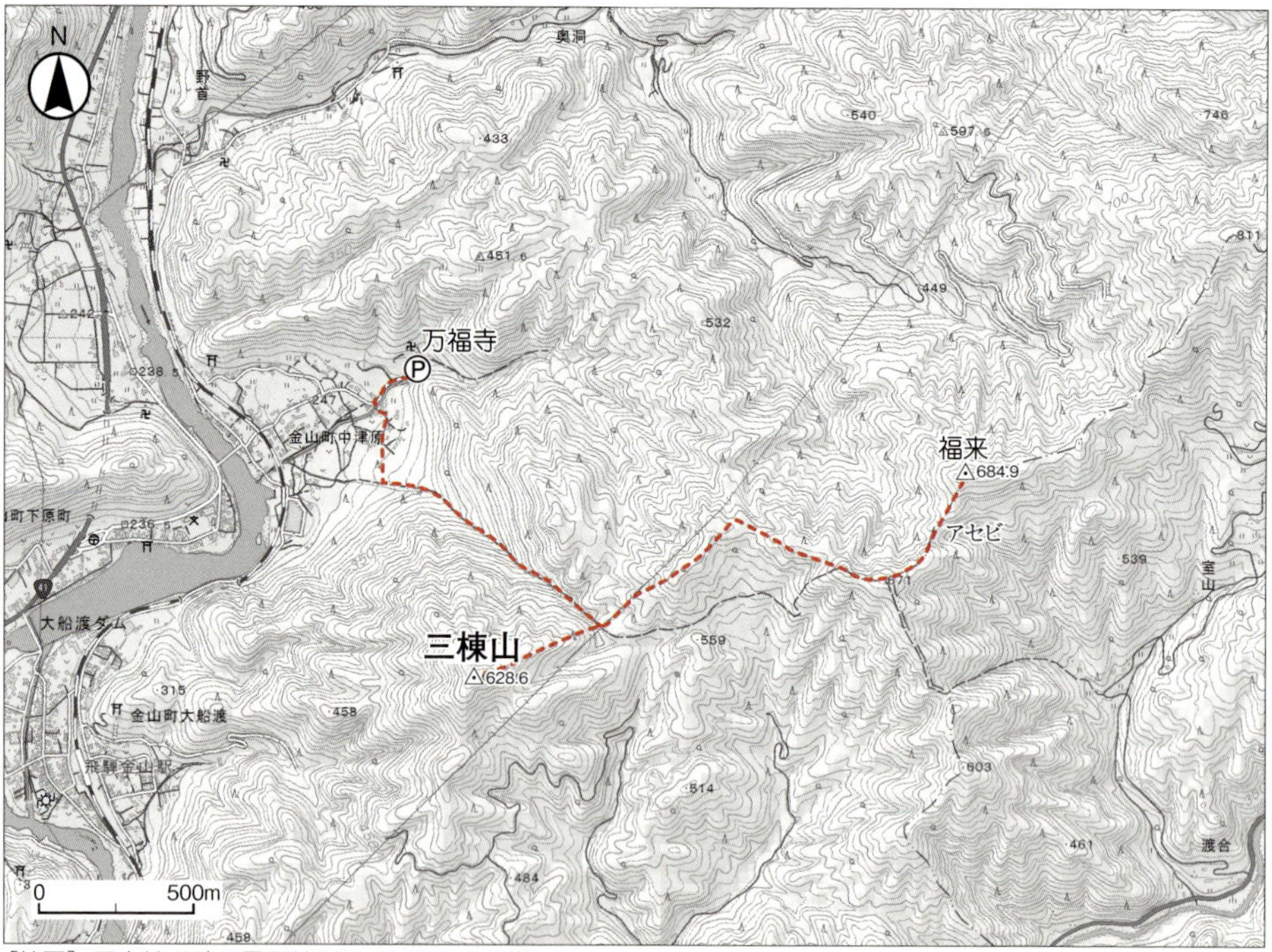

［地図］国土地理院の電子地形図 25000 を掲載

［コースタイム◉ 4 時間］

万福寺 ……（1 時間）…… 三棟山 ……（30 分）…… 巡視路分岐 ……（50 分）…… 福来 ……（50 分）…… 巡視路分岐 ……（50 分）…… 万福寺

踏査年月日◉ 2006・2・25

5 堂《どう》塚《づか》山《やま》

お経や数珠の納められた山を訪ねて

885・2m

難易度◉★★★　健脚度◉　地形図◉「下呂」「郡上市島」

堂塚山は和良村下土京の東にある山で、山頂には石の塚が祀られている。平安期の頃、伝教大師、空海大師が唐から帰って来られそれまでの仏教とは異なった新しい教えを世の中に広めた。それは仏教も神様も元々はお一人であって神仏は同体であるから、神国である日本こそ仏教を信ずべきというもので、この教えは世の人々に迎えられて非常に盛んになってきた。そうした中で、白山長滝寺が天台宗に改宗し、其の末寺として西和良に教徳坊、宮代に真東坊、安郷野に西教坊などがあって深く人々に崇められてきた。

堂塚山山頂石碑

　時代が下って鎌倉時代の初め、比叡山の修業を捨てて山を下りた親鸞聖人が他力本願の教えを唱えて浄土真宗を興し新しく仏教を立て直そうとした。この浄土真宗の中興の祖、蓮如上人の時代に、この美濃の山奥にも広められてきた。これはそれまでの修業を積まなければ極楽往生できないという教えとは異なり、毎日の暮らしを立てながらお経を読むことも行をつとめることもできない者でも、念仏を唱える中で極楽に行くことができるというものであった。

　その時より教徳坊など先の三坊は浄土真宗に改宗し、天文一年、それまでのお経や数珠をみんな山の上に運び、埋められて塚が作られた。堂塚にはこのようにお経や数珠が埋められているという。

　またこの後、山頂には川石が持ち上げられ、雨乞いが行われたという。

　国道二五六号線から分れて北上し、下土京公民館の右手に堂塚山の標識を見る。これより黒落谷林道に入る。しばらく東に上って行くと作業用の小屋があり、この先に土京簡易水道浄水場がある。林道はこの先で荒れているので、ここから歩くことにする。

　林道に大きな岩が落ちていたり、雪解けの水が凍っていたりして歩きにくい。やが

山頂より東方の展望

て、林道の分岐に着き、その右手に石の祠の中にお地蔵さんが祀られている。祠の横にはコウヤマキが立っていて、ここが登山口となる。

支尾根上に出ると雪も消えた。今年は雪が多かったが二月下旬には暖かい日があり、雨が降ったせいか、雪解けが早いようだ。登山道には馬酔木が多い。雪に潰されているのでこれを踏みつけて登っていく。花にはまだ早く、蕾も小さい。赤い実の付いたツルはサルトリイバラ。辺りは、針葉樹と広葉樹の混交林で、足元にはヒノキ、アスナロの幼木が次の時代を待って成長している。コウヤマキやイチイは大木も見られる。

広い支尾根となり、左手からの支尾根を合わせて登って行くようになると山頂は近い。山頂にはお経文や仏具を納めたと言われる石碑が建ち二等三角点が埋まる。山頂は雑木や植林の木に覆われて残念ながら展望はあまり利かない。

山頂

［地図］国土地理院の電子地形図 25000 を掲載

［コースタイム◉ 3 時間］

土京簡易水道浄水場 ……（20 分）…… お地蔵様 ……（1 時間 20 分）…… 堂塚山 ……（1 時間 20 分）…… 土京簡易水道浄水場

踏査年月日◉ 2008・2・24

6 信濃柿《しなのかき》 1047・5m～坂本《さかもと》 851・2m

峠越えの古道から無名の三角点峰へ

難易度◉★★★★　健脚度◉👟👟　地形図◉「下呂」「萩原」

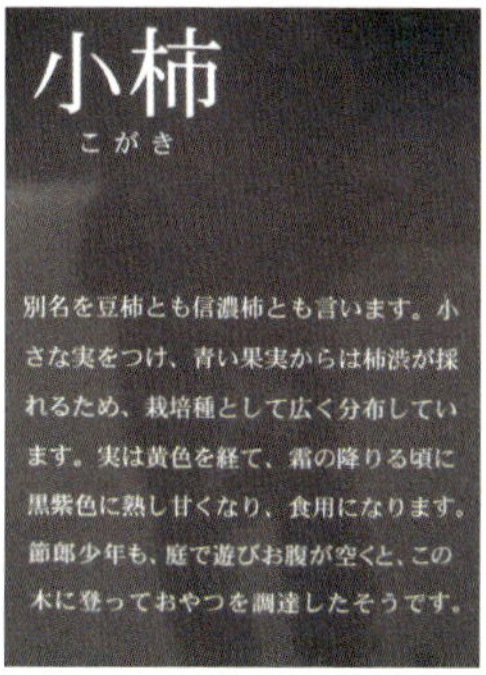
小柿《こがき》
別名を豆柿とも信濃柿とも言います。小さな実をつけ、青い果実からは柿渋が採れるため、栽培種として広く分布しています。実は黄色を経て、霜の降りる頃に黒紫色に熟し甘くなり、食用になります。節郎少年も、庭で遊びお腹が空くと、この木に登っておやつを調達したそうです。

高橋節郎美術館の信濃柿

信濃柿は2010年四月、大垣山岳協会会報「わっぱ」に載っていたもので、早速計画してみた。信濃柿はれっきとした植物名で図鑑にも出ている。「カキノキ科の落葉高木。暖地に自生し、また未熟果から柿渋をとるために、長野県や東北地方で栽植。果実は長楕円形で小さく、食用ともなる。果実が球形のものはマメガキともいう。ブドウガキ。サルガキ。渋を採るために栽培が行われてきました。砕いて発酵させ柿渋を作り、傘・紙・木工製品に塗って補強、防腐に用いました。民間で血圧降下にも用います」とある。「わっぱ」の文中には「長野県や東北地方で栽植」とあるので、これが何故飛騨の三角点の名前になっているかはわからないとのこと。通常三角点名には麓の地名などが用いられることも多いが、もちろん地元にも信濃柿の地名はない。信濃柿などの場所は丁度二枚の地図にまたがっているのでなかなか見つけられず、地図を睨んでいてやっと見つけて出発。

天候などの巡り会わせが悪くてなかなか山行に入れず、雨模様での決行としたが今回参加した一名はこの直後に転勤になってしまって、初めて同行した山行が藪山で尚且雨ということになってしまった。

飛騨萩原などへのルートは、通常国道四十一号線を北上するが、今回は郡上八幡から国道256号線で堀越峠を越えて飛騨に入った。途中、道の駅に寄り、東仙峡金山湖から「馬瀬美輝の里」の道の駅着。ここで地形図を見定めて林道坂本・弓掛線に入った。林道がヘアピンカーブとなっている所の空き地に車を停めて登ることにした。

小沢に入ってみると古い道の跡がありこれを辿って登っていったが、しばらくして様子がおかしい。道の跡はなくなっていて、GPSは樹林の為か天候の為か誤差が大きくなっているようで、地形図と周りの地形を見比べてみると北西方向の谷に入っているよう。ＧＰＳが使えても地形図が読めなければ、かえってなんのことかわからなくなってしまう。そのまま小沢の芯を登っていくと、椙尾峠よりはかなり北の稜線に上がった。稜線近くの沢を上っている時には稜線の上に空が見えていて、稜線までそれほど遠くないと思ってしまい、山腹に取りついてしまうことがあるが、これはあまり良くないことが多い。谷は水流に削られてできているので、その側壁となる山腹は急な斜面であることが多く、返って苦労することが多いようだ。

上がった稜線は馬瀬村と金山町との境界尾根で、これを外さないように北上していった。辺りは杉の植林地がほとんどで、間伐がされていなくて陽が差さないのか林床の植物は乏しい。時たまアセビを見る。アセビは鹿に食べられないので残って伸びることが多い。逆に言えば既に鹿が進出してきているかも知れない。飛騨の山々も雪が降っても融けるのが早くて鹿の進出が進んでいるのだろう。

９８７ｍ標高点だろうか椙尾山の標識を見てなお雨の中を行く。信濃柿は境界尾根から少し西に外れている。椙尾山を過ぎてからは広葉樹が増えてきて、雨でなければのん

［地図］国土地理院の電子地形図 25000 を掲載

［コースタイム◉２時間 50 分］　踏査年月日◉ 2011・6・18　雨

林道車止め ……（40 分）…… 境界尾根 ……（1 時間 10 分）…… 椙尾峠 ……（20 分）…… 坂本 ……（40 分）…… 車止め

びりと良い稜線歩きである。

　山頂へは境界尾根より少し西に離れていくので、この分岐を見落とさないように行った。山頂に着くも雨は降り止まず、休憩なしですぐに撤退。境界尾根を戻って栖尾峠まで南下し、峠より登り返して坂本三角点着。栖尾峠には以前、地蔵堂があったとのこと。峠からは東には道の跡が残っていて、少しの下りで林道終点に着いた。林道終点から登れば、比較的容易に稜線に立てることになる。

　雨足が強くなった中、林道を下って車を回収し、「馬瀬美輝の里」に浸かって帰路に着いた。

やぶ山ばなし

クマについて……………

　二〇一六年六月、秋田県で人がクマに襲われる被害が続出したと報道された。はじめは出会い頭でもないのにクマに襲われたようで不思議に聞いていた。その後、ＮＨＫの特集番組でも人を食べるために襲っていたことが報道されていた。

　従来、本土のツキノワグマは出会い頭の場合など驚いて人を襲うことがあったが、秋田県の事例は食べ物として襲われていた。出合い頭の場合には笠ヶ岳クリヤ谷の単独行の登山者が巴投げにしてクマはそのまま逃げたとか、出会い頭で人に怪我を負わせてそのまま逃げたとか、――人を襲うつもりで襲ったのではなくて、そのまま退散しているのが普通と思われていた。

　秋田県の事例では、クマ除けの鈴を付けて歩いていた方が後ろから尻を噛まれたりしていて、明らかに襲われている。この方は、幸い一命は取り留めておられた。クマの一頭は駆除されたが地元の方は、これが何人も人を襲った熊ではなくまだ人を襲うクマが残されている、と言っておられてその後の成り行きが心配される。

　クマについて筆者の経験を述べておくと、恵那山の下りで同じパーティの先頭の方が、――この方は北陸の山育ちで――クマを見つけて大きな声を出して追い払ったことがあった。私は直接クマを見ていないのでクマとの距離は判らないが、クマから襲ってくるということはなかった。このように人に対しては臆病な動物で襲ってくることはない、と一般的には見られている。つまり山菜取りでお互いに気付かないまま接近してしまったとか、単独行でクマがこちらの気配に気が付かなかった、ということのないように――クマ除け鈴を付けるとか、見通しの悪い所では声を出すとか、人の存在をクマに気付かせるよう気を付けたい。大平山と西俣山の項で記しているが、クマの糞を大量に見たり糞にたかるハエの多い事に気が付いたりして、クマのいたような感じを受けた事はあったが近くにいるという感じは受けなかった。ちなみにクマは朝と夕方が食事の時間と言われている。恵那山の際には登りにジバチを踏み抜いた場所で出会ったようだ。私たちが山頂で一泊して朝下りてくる際に、クマはジバチを食べようとしていた時に出会ったのではないだろうか。

　しかし、前記のような人を意識的に襲うクマが今後現れないように願い、報道などに注意していく必要があるでしょう。

7 梁《やな》谷《たに》山《やま》 1213・6m

義民の里から飛騨金山の山へ

難易度◉★★ 健脚度◉ 地形図◉「三間手」「下呂」「萩原」「郡上市島」

登山口

梁谷山は飛騨川の支流、馬瀬川を堰きとめて造られた岩屋ダムの上流、和良村、明宝村、金山町の境に位置する展望の良い山である。また、ほとんど広葉樹に覆われているので、新緑と紅葉の美しい山でもある。

岩屋ダムの東仙峡金山湖の奥には飛騨金山の森として、キャンプ場、遊歩道などが整備されていて、梁谷山の登山道もその一環として整備されているという。いずれにしても、1000mクラスの山にあまり時間を掛けることなく立つことができる。岩屋ダムは総貯水量1億7千万トンという、木曽川水系の巨大な水瓶である。

飛騨金山より国道二五六号線に入り、ダム湖から飛騨金山の森のキャンプ場を抜けていくと、立派な標識を見て、梁谷山への林道に入る。

林道終点には駐車スペースが取られているが、十台程度であり、後は林道脇に停めることとなる。

林道終点から良く整備された登山道の階段を登り始める。すぐにぶなの木ルートと南尾根ルートとの分岐に着く。早く展望の得られるぶなの木ルートをとる。梁谷山は、ハウチワカエデ、ヤマモミジ、ウリハダカエデなどのカエデの類、ミズナラ、シロモジなどの落葉広葉樹が多く、新緑の時にはすがすがしい山行が楽しめる。また、地質のせいか急な斜面には下草が少なく見通しが良くて、伸び伸びした感じの山である。

沢沿いの道から右手の斜面をジグザグに登って行き、支尾根の上に立つ。右手には御嶽山が望まれ、一休み。辺りはやはりミズナラ、シロモジ、リョウブなどの広葉樹林である。林にはまた、壮年の木々に混じってミズナラなどの大木、古木が立つ。世代交代の中でも頑強に生きてきたのか、風雪に曲げられていても風格が備わっている。笹のある緩やかな尾根を登っていくようになると、山頂は近い。

山頂は沢山の人で踏み固められて、三角点の標石も浮かび上がってきている。方向指示盤には遠く槍ヶ岳、白山、恵那山なども記されている

大山祇の石碑

御嶽山遠望

が、この時は残念ながら春霞で遠くの山は見えない。重畳たる山並みの中にあって、近くの川上岳、仏ヶ尾山、若栃山、八尾山などが同定される。

下山は南尾根ルートをとる。岳美岩への下り口を見送り、展望の良い尾根をのんびりと下っていく。

石のゴロゴロした道を下っていくと、大山祇の石碑の横には小鹿の涙と名付けられた滝が落ちている。流れ落ちる滝から見上げる新緑も素晴らしい。石碑の脇や滝の横の斜面には、ヤマシャクヤクの群落が見られる。

更に下っていくと、熊谷直実が背負った弓矢を防ぐ母衣に見立てて名前が付いたというクマガイソウの群落があったが花の盛りはすでに過ぎていた。足元のゴロゴロした道を下っていくと、林の向こうが見通せるような疎林となり、ウリハダカエデ、ハウチワカエデなどのカエデが多く見られる。左下に沢音が聞こえてくれば登山口は近い。

美輝の里

金山湖から馬瀬川を上流に上ったところに、道の駅馬瀬美輝の里、美輝の湯がある。露天風呂だけの開放的な温泉である。

第三セクターの宿泊施設で、日帰り入浴もできる。

温泉浴施設利用料金・七百円

電話：〇五七六－四七－二一二六

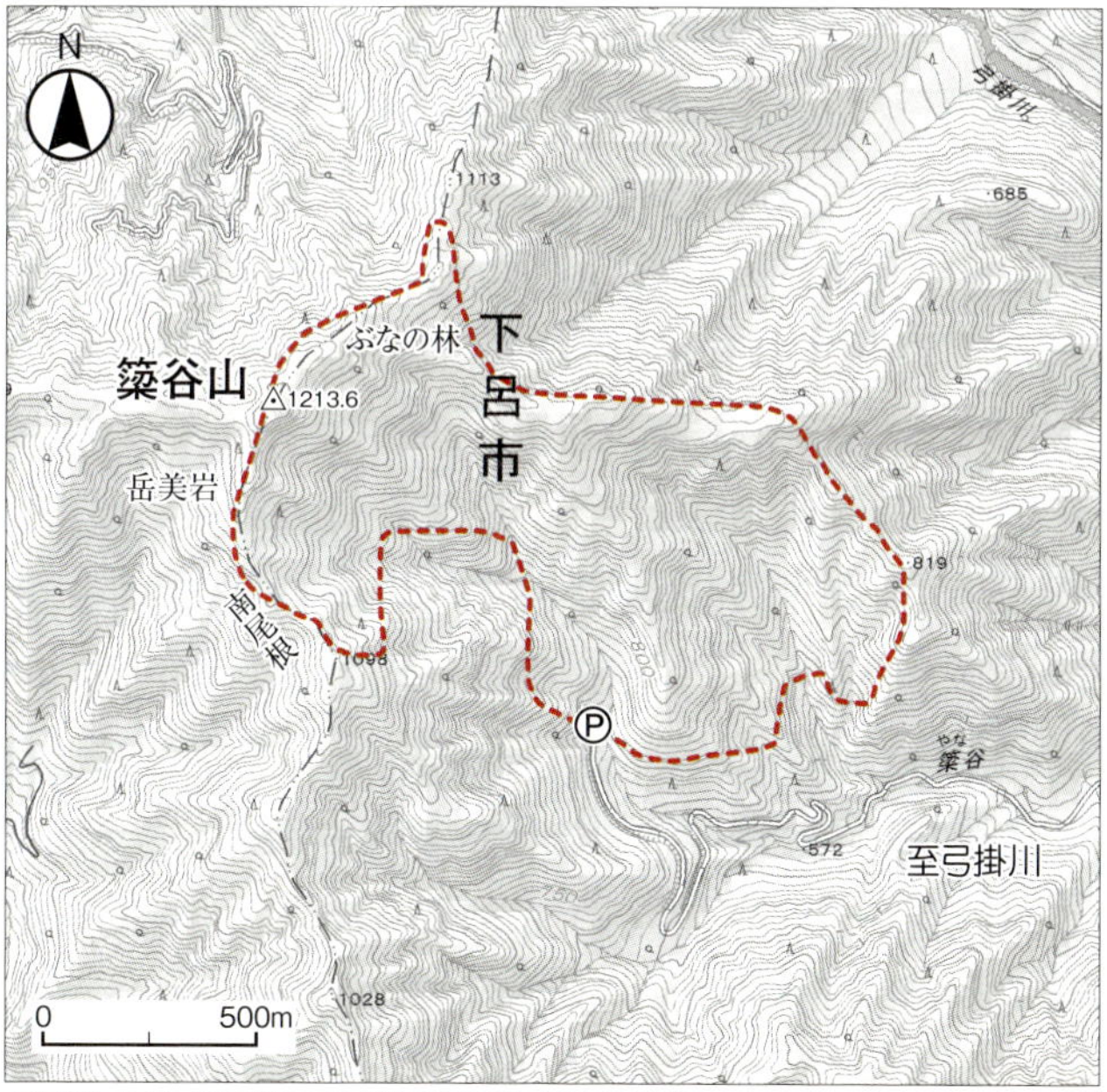

［地図］国土地理院の電子地形図 25000 を掲載

［コースタイム◉ 2 時間 50 分］
林道車止め ……（40 分）…… 境界尾根 ……（1 時間 10 分）…… 楢尾峠 ……（20 分）…… 坂本 ……（40 分）…… 車止め
［問合せ先］ 金山町総合政策室　TEL 0567 － 32 － 2203
踏査年月日◉ 2017・5・22

8 白草山《しらくさやま》

御嶽山を間近に望む人気の山

1641m

地形図◉「宮地」

白草山《しらくさやま》

難易度◉★★　健脚度◉

白草山は御嶽山を間近に望む山として、小秀山と共に人気の山である。小秀山は少々行程が長く健脚向きであるが、白草山は林道を利用して上がり行程を稼ぐことができて手軽に登ることができる。とは言え、標高の高い所まで上がるので春早くや晩秋には車の運転、登山中の防寒対策には注意が必要である。

下呂市南東の国道二五七号線より北に入り、乗政温泉に入る。更に植林地の中の細い林道を辿り、林間の乗政キャンプ場を経て広域林道に出る。広域林道を北上していき山側より鋭角に交わる黒谷林道を入るとゲートがあり、ここが登山口となる。春秋のシーズンには車が一杯で停めるところを決めるのに苦労する。

ゲートより林道を歩き始める。林道は高森山の中腹を回り込んで登って行く。山側は所々岩の壁となっている。この岩の壁が途切れと林道終点となる。林道終点より橋を渡って沢沿いに少し登って南側の山腹に取りつく。左山で斜上して行きやがて右山に変わって登っていく。支尾根に出て良く踏まれた道を登っていくと枯れた木の立つ中に三ッ岩と呼ばれる岩峰を見る。更に登って行くと御嶽山の望まれる県境稜線にでる。稜線上は緩やかで見通しの良い笹原となる。目指す白草山や北側の箱岩山が望まれる。

笹の稜線をゆったりと登って行き、立派な標柱の立つ白草山山頂である。

笹原の稜線を戻り、箱岩山に立ち寄る。コルからは林の中の急登で笹に埋もれた三角点標石のある山頂に立つ。御嶽山方向の展望は良くないが、北には県境稜線が延びて食指をそそられる。

白草山山頂

林道終点の橋

御料局三角点

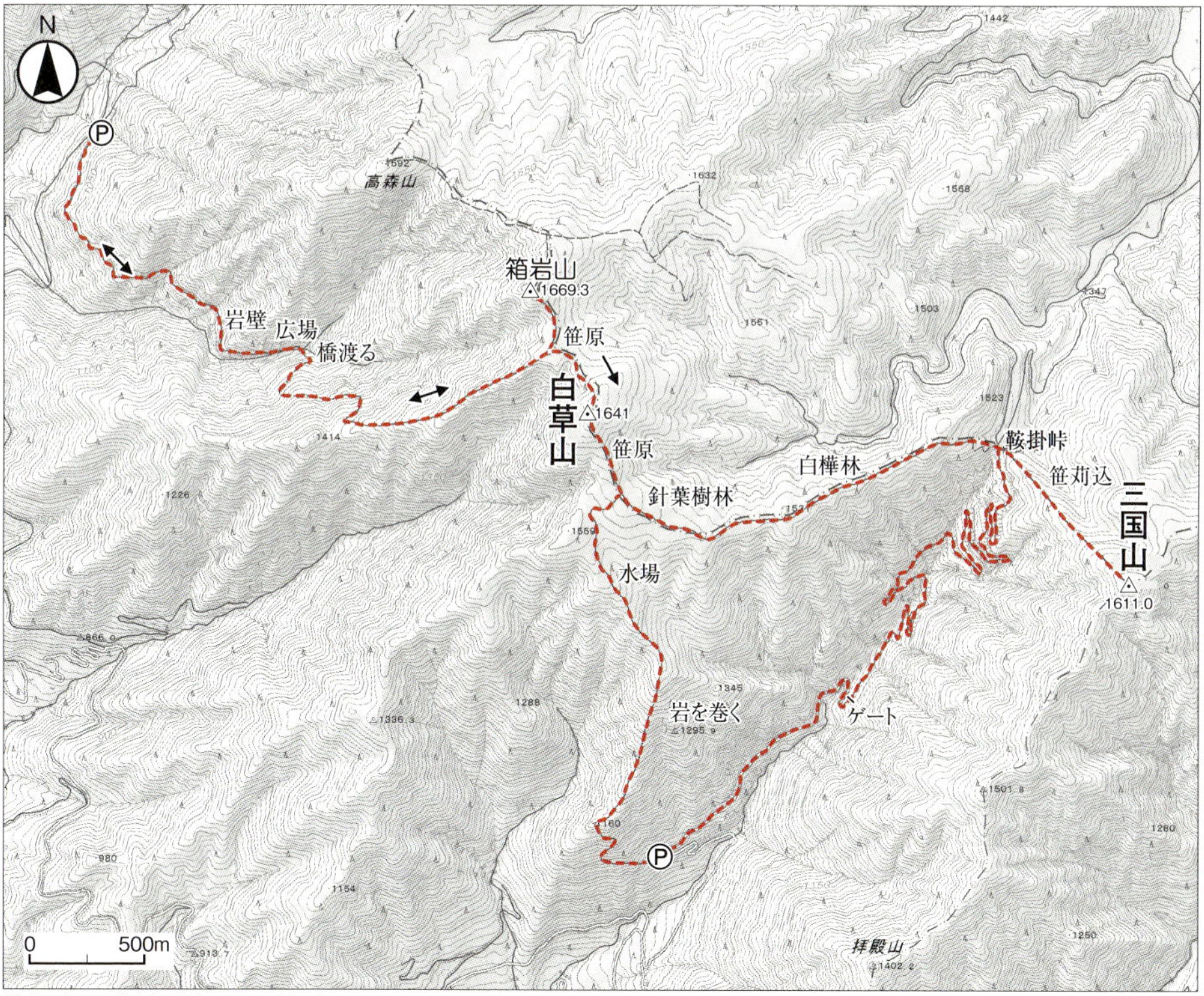

［地図］国土地理院の電子地形図 25000 を掲載

［コースタイム◉ 4 時間 40 分］

林道ゲート ……（1 時間）…… 林道終点広場 ……（1 時間 40 分）…… 白草山山頂 ……（30 分）…… 箱岩山 ……（1 時間）…… 林道終点広場 ……（30 分）…… 林道ゲート

踏査年月日◉ 2009・9・14

御《み》厩《まや》野～白《しら》草《くさ》山《やま》

難易度◉★★　健脚度◉

白草山は乗政からは良く登られているが、御厩野からは静かな山登りが楽しめる。国道二五七号線の御厩野には白草山登山口の標識がある。御厩野へ入り白草山林道を上る。神明から村外れとなり山中の林道に入る。白草キャンプ場を過ぎると下呂—萩原林道に出合いこれを横切って更に上っていく。一の谷橋で竹原川を渡り更に上っていくと、山側に石垣の積まれたカーブの所に白草山登山道の標識があり、ここが登山口となる。

道は植林道のようで、良く枝打ちのされた植林地の中を右山で斜上し

支尾根上の四等三角点

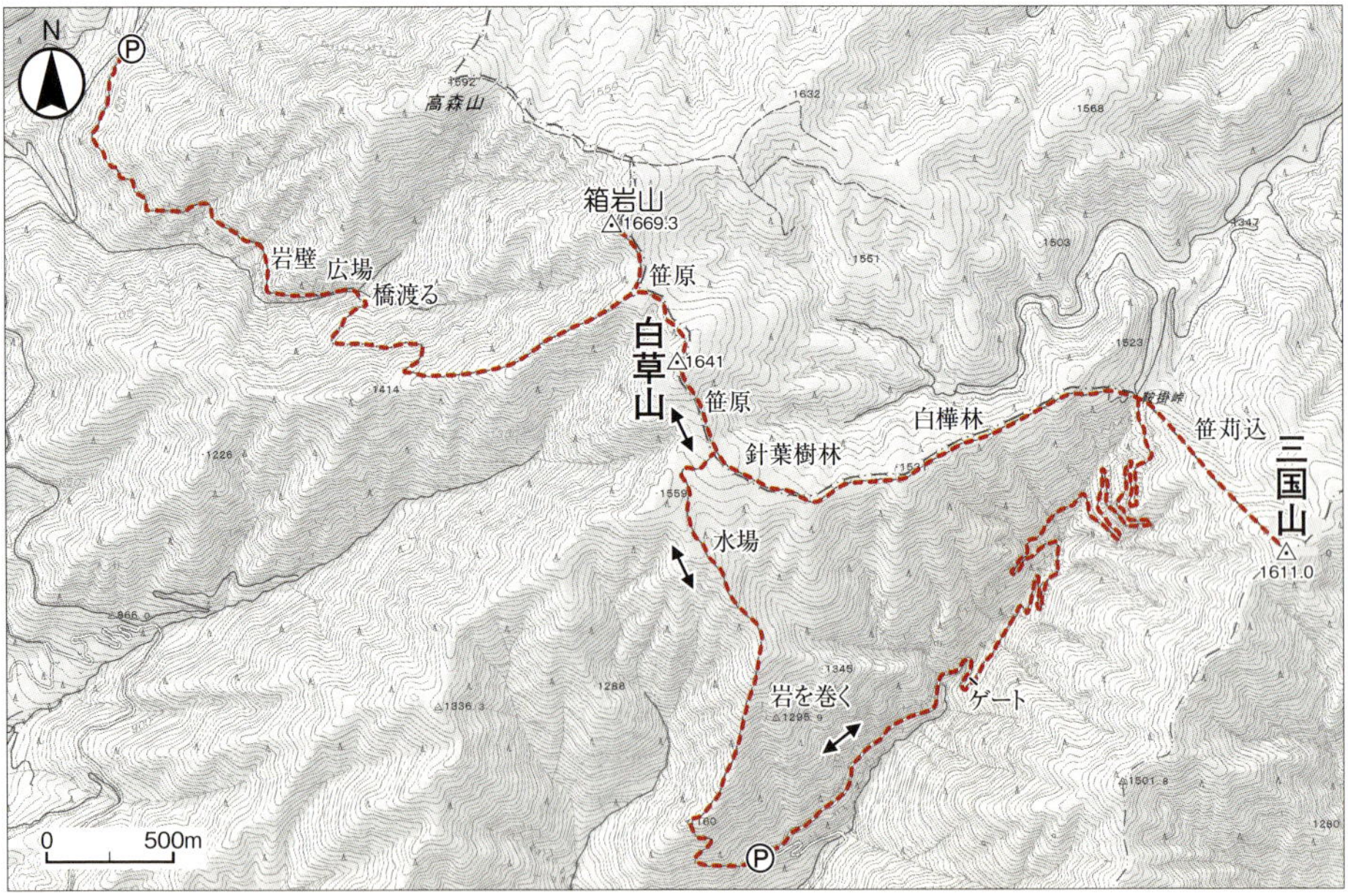

［地図］国土地理院の電子地形図 25000 を掲載

［コースタイム◉ 4 時間 25 分］

林道の登山口 ……（25 分）…… 展望地 ……（2 時間）…… 県界稜線 ……（20 分）…… 白草山 ……（1 時間 40 分）…… 登山口

踏査年月日◉ 2009・9・14

四等三角点より望む

林道の白草山登山口

ていく。ひとしきり登ると支尾根上の展望地にでる。御厩野が随分下に見下ろされ、拝殿山と思しき山容が望まれる。これより支尾根上の道となり、しばらくの登行で四等三角点に着く。道は広く取られているので比較的楽に登れる。更に登って行くと三国山とその後ろに小秀山が望まれるようになる。また道には「山頂まで○○km」の標識も付けられている。登山道は雪で倒された笹が五月蝿いところも出てくる。植林の年代が代わり若い植林地を行くと大きな岩に行く手を遮られる。これを巻いていくと、コメツガも見られるようになり、水場の標識がある。水場は右下の沢にある。道は広い笹原のところを行き、見通しのきかない笹原の中で急角度に右折すると、小屋を見て県界稜線のT字路となる。

　県界稜線を急登し、腰切りの笹を漕いでいくと立派な標識の建つ白草山山頂である。御嶽山、三国山、小秀山などが望まれ、鞍掛峠へ下っていく広い稜線がゆるやかに望まれる。

鞍《くら》掛《かけ》峠《とうげ》～白《しら》草《くさ》山《やま》

難易度◉★★　健脚度◉

　鞍掛峠から白草山へは、なだらかな稜線を時折見せる御岳山を眺めながら稜線漫歩を楽しめる。

　峠より少し上がると、鉄骨造りの四阿屋がある。「ぎふ百山」には「四阿屋風の展望台の建つ鞍掛峠」とあり古くから四阿屋があったことになるが、現在では樹木に遮れて展望は得られない。

　作業道に戻り少しの急登で稜線歩きとなる。「六月切払い」の標識を見る。しばらくは岐阜県側を巻いていくので展望はないが、笹の葉を渡

尾根道の標識

る風が心地よい。足元にはマイヅルソウの密生した群落をいくつか見つける。明るく開けた笹の尾根道となり、緩やかに登って行くと、峠より一時間ほどで朽ちた標識の立つ展望地に着く。次項の三国山、その南に連なる拝殿山、その向こうには小秀山の稜線が連なる。三国山は岐阜県側斜面が草付のように開けて見えている。樹林の開けたところでは雲をまとった御嶽山を望む。

　白草山御厩野ルートのT字路に着いた。

鞍掛峠へのT字路

鞍掛峠の標識

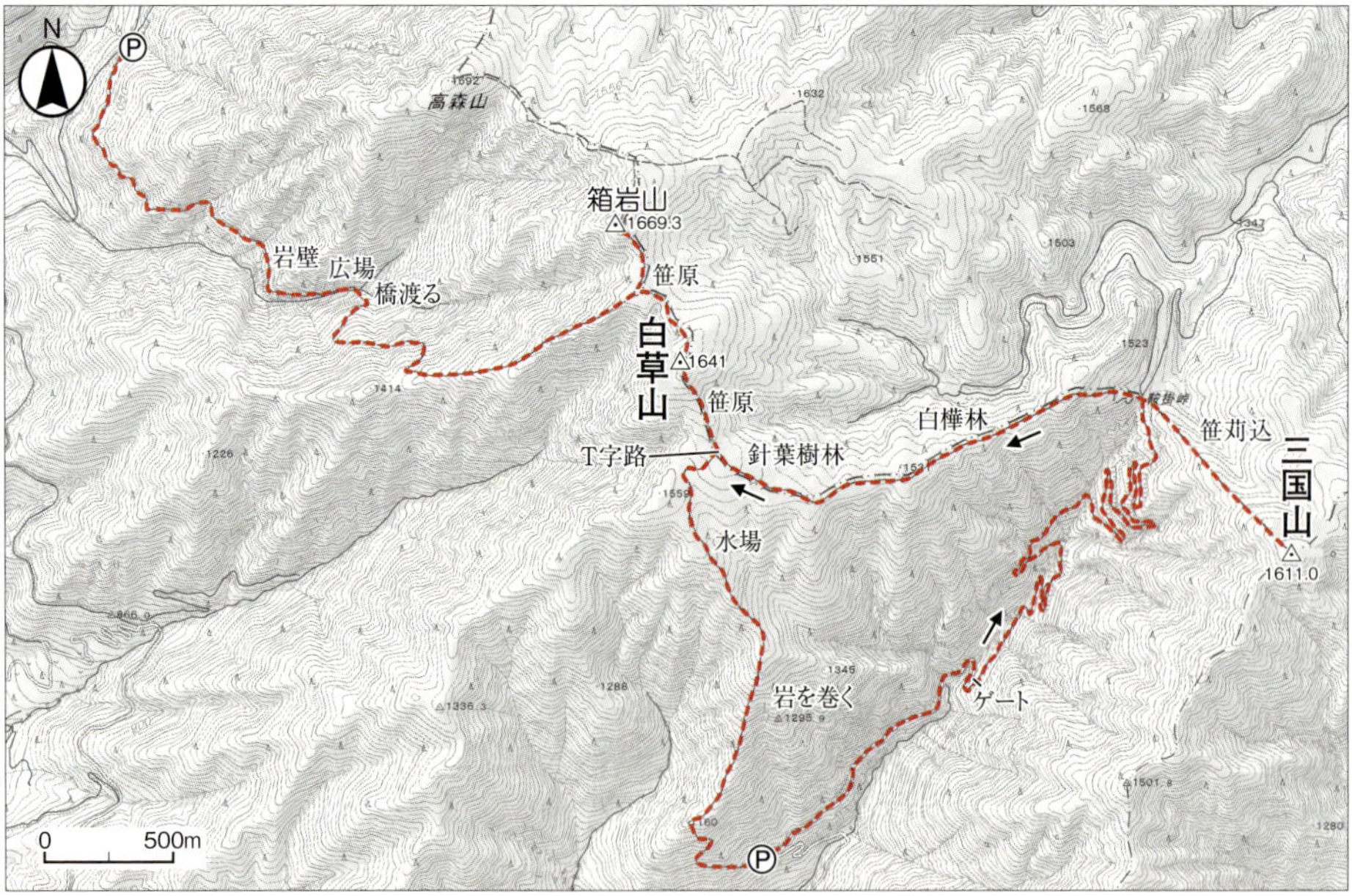

［地図］国土地理院の電子地形図 25000 を掲載

［コースタイム◉ 3 時間］

白草山登山口 ……（1 時間 30 分）…… 鞍掛峠 ……（1 時間 30 分）…… 御厩野ルートＴ字路

踏査年月日◉ 2012・10・8

やぶ山ばなし

事故事例①

山登りに出かける時には、大方の人は自分が事故に遭うとか事故を引き起こすとか思って出かけることはないだろう。ところが今までに車を運転してきた時間と山を歩いて来た時間とを比べてみた場合、時間対比では山で事故に合ったり怪我をしたりした回数の方が、ずいぶんと多いのが実際です。車では平坦な道路の上で交通ルールに則って走っています。これに対して、登山道は様々に状況が変わり、滑ったり転んだりはあることで、その場所が悪ければ転落、滑落に即結び付き、事故になります。また、山では何のルールもない中を、歩いているとも言えます。山では様々な要因や原因で事故が起き得ます。山での事故を防ぐ為には、実際に起こった事故や事故になりそうになった事例を、その様々な要因などを検討して同じような事故を起こさないことに役立てることが大切です。

【事例①】 さて、過日ある山岳会のHPを見ていて、これは少しヤバイのではないか、一つ間違えると遭難騒ぎになっていたのではないか、という事例を見つけた。普通こうした事例はHPには載せない、表には出さないことが多いので、随分おおらかな会だな、とも思った次第です。たまたまその会に知人がいて、出会った際に経緯を尋ねたところ、その当事者の一人であったので、またびっくり。

そのパーティは女性3名でした。白山の東、岐阜県側の大白川から白水湖を経ての沢登りで、県界尾根に出て白山経由で下山するという計画。どの沢を登る計画であったかは不明。沢は無事登り終えたが、予定より沢登りに手間取り、県界尾根に出た時には日が大きく西に傾いていた。ここでリーダーはビバークすると言い出した。驚いたのは他の二人。時間は遅れているとは言えまだ明るく、行動はできる。天気は良くなくけっして快適なビバークにならない。何とか話しあって白山に向かうことになった。道らしき踏み跡を見つけて稜線を北上しピーク——油坂の頭——に出て下って行くと、沢に出た。これは地図で見ると赤谷という縦走路の水場となっている沢。ここでまた、リーダーはこの沢を下っていく、と言い出した。これにも他の二人はまたビックリ。沢は進行方向、北にに向かって右から左に流れている、つまり西に向かって流れているのであり、この沢を行くと石川県側に下ってしまう。ここでももう少し道の通り行きましょう、と話し合って登り返していくと南竜山荘の明かりが見えてきた。ここに宿泊して一日下山遅れにはなったが大事には至らなかった、というのがこの事例です。

ここでは計画に無理があったかどうかはひとまず脇に置くとして、一つにはリーダーの二回の判断ミスについて。もう一つは、リーダーとパーティのメンバーの関係ついて。

リーダーが間違った判断をしてしまうことは可能性としては十分あり得ることです。これは勘違いとか、思い違いとか、は起き得るということです。これは思いのほか体が疲れていたとか、ルートが予想以上に厳しくて精神的に疲れていたとかいうことによる場合もあるでしょう。別掲の事例②でも鈴鹿山系で三重県側の車に戻らなければならないのに、滋賀県側に下ってしまい、ビバークとなり下山が遅れたという例を直接聞いたことがあります。この判断をしたリーダーは登山経験も長く、地図ももちろん読める。これが全く反対方向に下ってしまう判断をしてしまった。この報告の際は色々な話が出て様々な議論もでましたが、話し合いが終わってから、これはふとリーダーの思い違いか勘違いに尽きるのではないか、と思った事例でありました。これらは、勘違いなどからとんでもない判断をしてしまうこともあり得る、ということは念頭に置いておく必要があることを教えているのではないでしょうか。

御嶽山展望の鞍掛峠から三国山

9 三《み》国《くに》山《やま》

1610・9m

難易度◉★★★　健脚度◉　地形図◉「宮地」

小秀山方面

三国山は長野県、岐阜県の県界稜線にあり、信州、美濃、飛騨の三国境の山である。「ぎふ百山」に依れば鞍掛峠への林道は昭和三十八年の完成、当時は車でも上がれたようである。

鞍掛峠より三国山、白草山への縦走は静かな山旅が楽しめるルートである。

国道二五七号線の白草山の案内標識で北に入り、神明山荘の看板を目指して上って行き、山沿いから林道に入る。キャンプ場の建物の横を通り、植林地を上がっていく。林道は右岸、左岸と渡り返し、林道下呂―萩原線を横切る。御岳―御厩野林道に入り、登っていく。竹原川の一ノ谷橋を渡り、上って行くと白草山登山口に着く。車は三台ほど停められる。

白草山登山口に車を置き、しばらくは展望の利かない林道歩きとなる。朝の陽が拝殿山の稜線から上がってきて眩しい。林道脇にはシロヨメナの花。竹原川を左岸に渡るとゲートとなる。右手の狭い所を通り、高いところに林道を見上げて尚も上っていくと次第に麓も見え始め、峠らしきところも望まれて高度が上がってきたのがわかるようになる。林道のヘアピンカーブをいくつか上って行く。鞍掛峠は開けた所で御嶽山が現れ、長野県境に上がってきたことを知らされる。御嶽山はあいにく山頂付近が雲に覆われていた。

三国山へは県界稜線の右手より、森林の作業班境の標識から登る。取付きは道が崩れてしまって登りにくいので、少し左手の切り払いから取り付く。

県界の道は笹が切り開かれた道で、笹の葉がフワフワだが笹の切株が突っ立っていて歩きにくい。北側は樹林と笹に遮られて、南側は笹の背が高くて、それぞれ展望が利かない。こんな道をしばらく上って行くと、急に目の前が明るくなって山頂三角点に着いた。山頂の標識はない。拝殿山へ支尾根には踏み跡くらいは、と期待していたがほとんど薮であった。

下山はそのまま峠に引き返す。

切開き途中の道標

三国山山頂

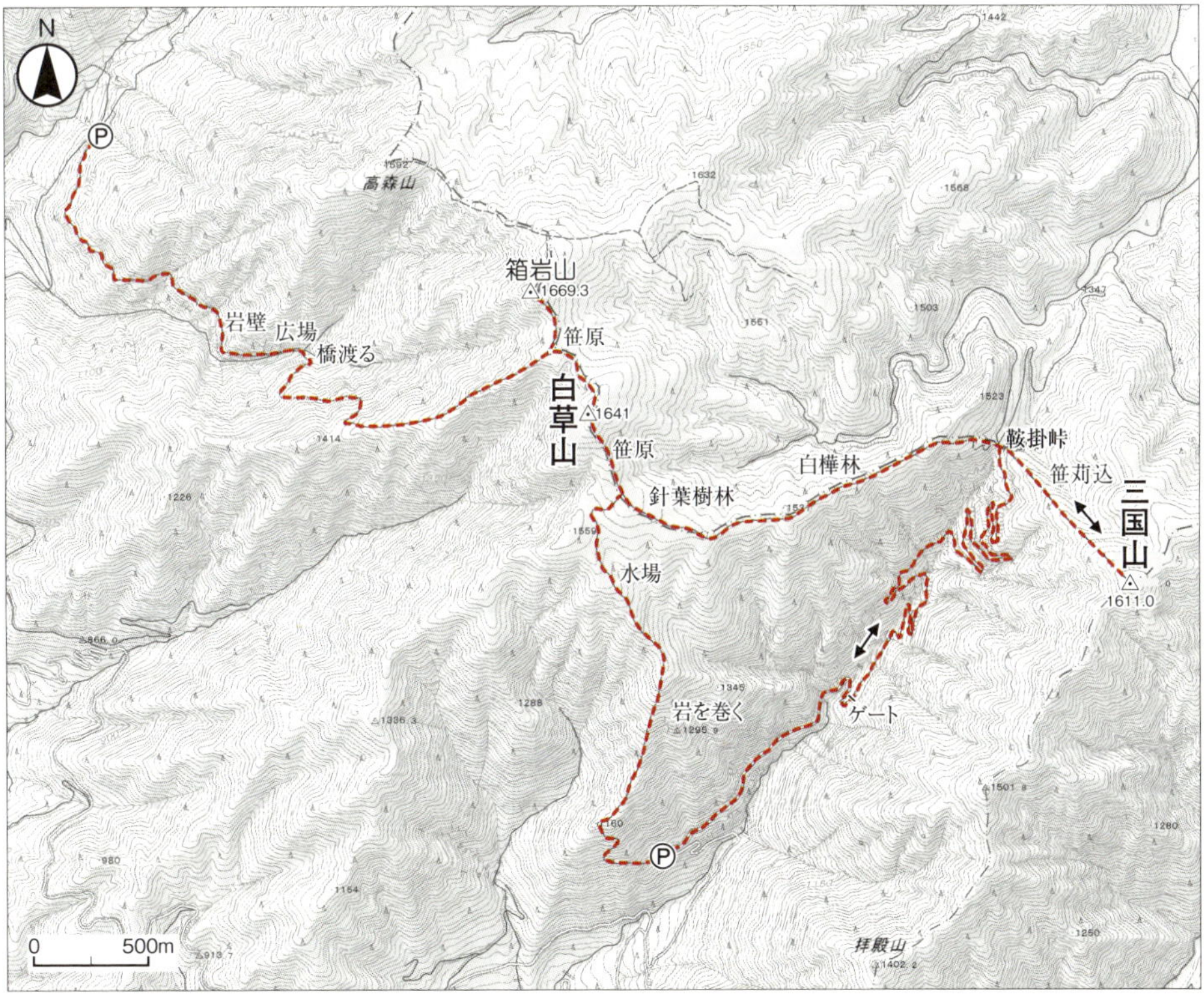

[地図] 国土地理院の電子地形図 25000 を掲載

[コースタイム◉ 2 時間 40 分]

白草山登山口 ……（1 時間 30 分）…… 鞍掛峠 ……（40 分）…… 三国岳 ……（30 分）…… 鞍掛峠

踏査年月日◉ 2012・10・8

下呂温泉の源泉の山に登る

10 湯《ゆ》ケ《が》峰《みね》 1067m

難易度◉★★★　健脚度◉　地形図◉「宮地」

湯ヶ峰山頂

湯ヶ峰は10万年～12万年前の火山の噴火でできた小さな山で、湯ヶ峰火山と呼ばれる。この火山は一回の噴火活動だけで溶岩だけを噴出させて形成されているという。その溶岩は粘り気の高い溶岩で溶岩ドームを形成し、下呂の町からすぐにわかりやすい山の形を作り出している。南西斜面には崩壊を見せているので、湯ヶ峰を同定しやすくしている。

名古屋方向から国道四十一号線にて下呂の町に至り、国道の喫茶店「松葉」を右折する。道路はUターンしてふるさと農道に出る。乗政方向へ入り、川を渡って左下に養魚場を見て細い林道に入る。熊谷家の立派な墓の建つ湯ヶ峰ハイキングコースの標識のあるT字路を右折。道なりに上っていくと、左手に残土置き場、右手に資材置き場の間を通って、カーブミラーのある三叉路に着く。これを右折していくと、山側に登山口の標識があり、ここが登山口となる。

道は斜面に付けられた危なっかしいもので、これをなんとか登ると植林地となる。植林地の中は枝打ちされた枝や落葉で、道はすぐにわからなくなる。枝打ちされた枝などを踏みつけ赤布を付けながら歩きやすい所を山側に向かって適当に選んで登って行くと、まだ新しい林道に出る。林道の山側を探すと北寄りに赤布などの印が付けられていて、ここを強引に登るとやっと登山道らしい道に出る。これを左に斜上すると支尾根上の道となる。道の左右は枝打ちの行き届いた杉や檜の植林地である。

支尾根を登って行くと作業用ものなのか比較的新しい林道が何本か上ってきている。北側、下方に集落の見えるところもあるが、ほとんど展望は利かない。やがて赤松混じりの広葉樹林に入り、湯ヶ峰の山頂が望まれる。

登るにつれて北側の展望が開け、山頂付近も時々望まれる。山頂の北東側には下呂温泉の源湯があったという湯壺があり、この分岐を見て行く。湯壺への分岐を過ぎ少しの

下呂温泉源泉跡湯壺

登りで湯ヶ峰山頂に着く。地元小川会の山頂プレハブ小屋は、以前は入口の戸の開きが悪かったが、建て起こされたのかスムースに開き、中も綺麗に整備されていた。山頂には切り開きの展望地があり、西には下呂温泉の街を隔てて八尾山の稜線が南北に長く望まれる。

帰路、支尾根から逸れて湯壺を見に行く。柵で囲われた中に如何にもお湯が噴出して東側に流れ出ていたような窪地がある。ただ先のように湯ヶ峰が溶岩ドームでできているということなので、その頂上近くに湯が噴出していた、というのも奇妙な気もする。

湯ヶ峰火山は湯ヶ峰の下を通る湯ヶ峰断層に沿って噴出したと言われる。下呂温泉は温泉街の下を通る下呂断層に沿って雨水や河川水が地下に浸み込みやすい。それが地下の湯ヶ峰火山のマグマによって熱せられ加圧されて地表に戻されたものが下呂温泉とされる。

また、鉱物が少ない溶岩の固まった、黒褐色でガラス質のものは堅固で鋭い割れ口を持つため、下呂石として知られている。旧石器時代から弥生時代までの三万年もの間、鏃などの石器の石材として関東・北陸・関西地方まで広がっている。下呂石は湯ヶ峰火山の中でも僅かしか存在せず、これが長期間に亘って広範囲に広がっていたということで、考古学的価値も高いという。

山頂より八尾山の稜線

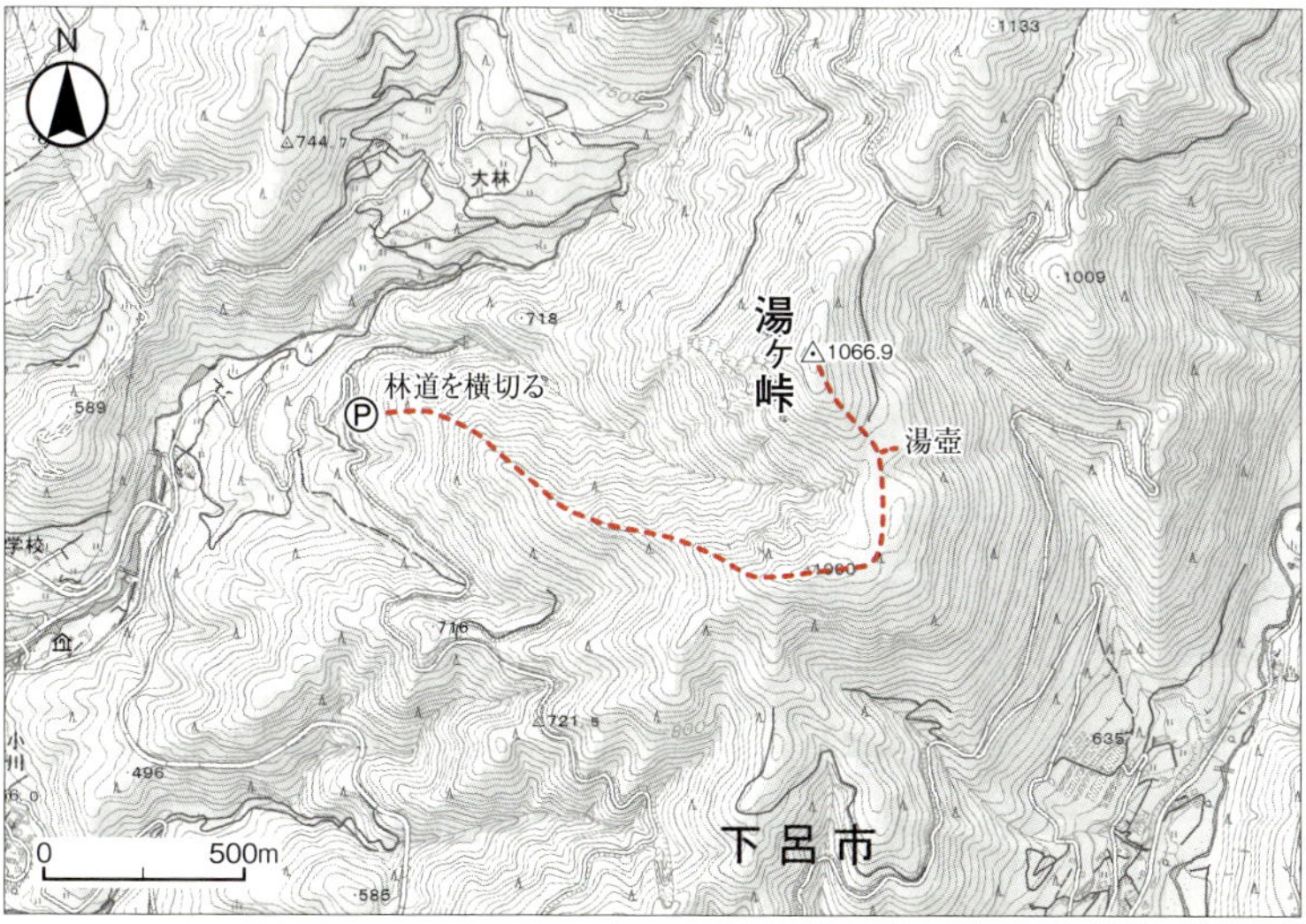

［地図］国土地理院の電子地形図 25000 を掲載

［コースタイム◉ 3 時間 20 分］

林道登山口 ……（2 時間）…… 湯ヶ峰山頂 ……（1 時間 20 分）…… 登山口

踏査年月日◉ 2013・4・20

11 八《はち》尾《お》山《やま》 1100・6m

御嶽山展望のミニ縦走

難易度◎★★　健脚度◎　地形図◎

ミズナラの若葉

八尾山は下呂温泉の裏山に当たる山で、御嶽山と白山の展望縦走の山である。

登山口は柿坂峠までは車利用となる。峠より尾根伝いに八尾山に至るが、途中奥茂谷などのピークをいくつも越えていくので決して侮れない。

「ぎふ百山」では「下呂町南の茂谷集落から茂谷をつめるとよい。谷は小さいが、小滝が連続して変化に富んでおり、山道も尾根直下までしっかりついている」とあるが、寡聞にしてその後このルートの記録には接していない。また、尾根南の深谷峠からの巡視路を利用すれば手軽に登れるようになるだろう、と紹介されているので、何時かこちらのルートも試してみたい。

国道四十一号線禅昌寺から飛騨川を円通橋で渡り、対岸の県道八十八号線を南下する。飛騨川左岸の中部電力中呂発電所を見て南下し、権現山登山口の標識より右折して林道に入る。柿坂峠へ向かって山腹に付けられた林道に延々と車を走らせる。峠には権現山登山口の標識が立ち、お地蔵さんが祀られている。車は数台止められる。

峠の南側の登山口より登り始める。道は送電線巡視路で、良く整備されている。概ね西側が植林地、東側が広葉樹林である。登り始めてすぐにモミノキの大木があり、種子が一杯落ちている。№一一四鉄塔のある最初のピークに上がり、振り返ると白山が真っ白に望まれる。送電線からは離れ、№一一五鉄塔への分岐を過ぎていくと赤松混じりの広葉樹林となる。

一つピークを越えて登り返すと№一一六鉄塔の建つピークに上がる。ここには奥芝谷の二等三角点と、御料局三角点が埋まり、西方の展望が開けていて木々の間に白山が望まれる。木に八尾山の名札が付けられているが、これは間違いで八尾山はまだまだ先である。

再び下っていくと、巡視路

送電線巡視路分岐

縦走路より東の展望

山頂三角点

にブナの大木が立つ。木の根元には蕎麦粒のような三角形の実が落ちているが中はシイナと言って実が詰まっていないものが多い。ブナの実は年によって不作となり、全然実の入っていないことがあるようだ。

　登り返したところはNo.一一九鉄塔の立つピーク。東に大きな山容の御嶽山。樹間にタムシバの白い花がポッポツ見られ、鉄塔の周りの日当たりの良いところにはアブラチャンが小さな黄色い花を一杯つけている。この先No.一二〇鉄塔も展望が良い。前方には目指す八尾山が姿を見せている。山頂近くに淡いピンクの花を見せているのはアカヤシオ。

　巡視路はこの先で西に逸れて下っていくが、八尾山へは稜線通しに登って行く。この道も沢山の人が入っているのか、良く踏まれている。山頂は樹木に覆われて展望は無いので、No.一二〇鉄塔に戻って休憩とする。

　帰路は巡視路をそのまま峠に戻る。峠には権現山の標識があり、峠より北上すると小さな峰に立ち、更に稜線上には巡視路が延びているので、縦走が可能かもしれない。また、巡視路では六月には鉄塔の周りにササユリが花を咲かせていた。

　最近、新しい地形図を見ていたら八尾山の稜線西側にほぼ並行して林道が走っている。この林道を利用すれば随分と簡単に山頂に立つことができるかも知れない。

禅昌寺

　八尾山は比較的簡単に登れるので、余った時間を利用して禅昌寺に立ち寄りたい。禅昌寺は龍澤山禅昌寺といい、臨済宗妙心寺派に属する寺。鎌倉幕府九代将軍、守那親王の祈願所であり、山門手前のお濠や石段はどこか城郭を思わせる構えである。お濠の水は絶えず流れがあるようで、何時見ても透明な水を湛えていて、この水面に映す土塀や木々も趣がある。

　山門を入ると茶人金森宋和が築いたと言われる日本庭園は飛騨一美しいという名に恥じない。大広間には雪舟の傑作とされる八方にらみのだるま大師が、睨みを利かせている。だるま大師の収められている硝子戸の戸枠は飛騨の春慶塗。戸枠の下は柿の木の一本物は珍しいもの。

建物西側の推定樹齢1200年とされる大杉は、近くから見るには大き過ぎる。建物西側の渡り廊下の窓越しに見るのが良いだろう。

禅昌寺、城郭を思わせる堀

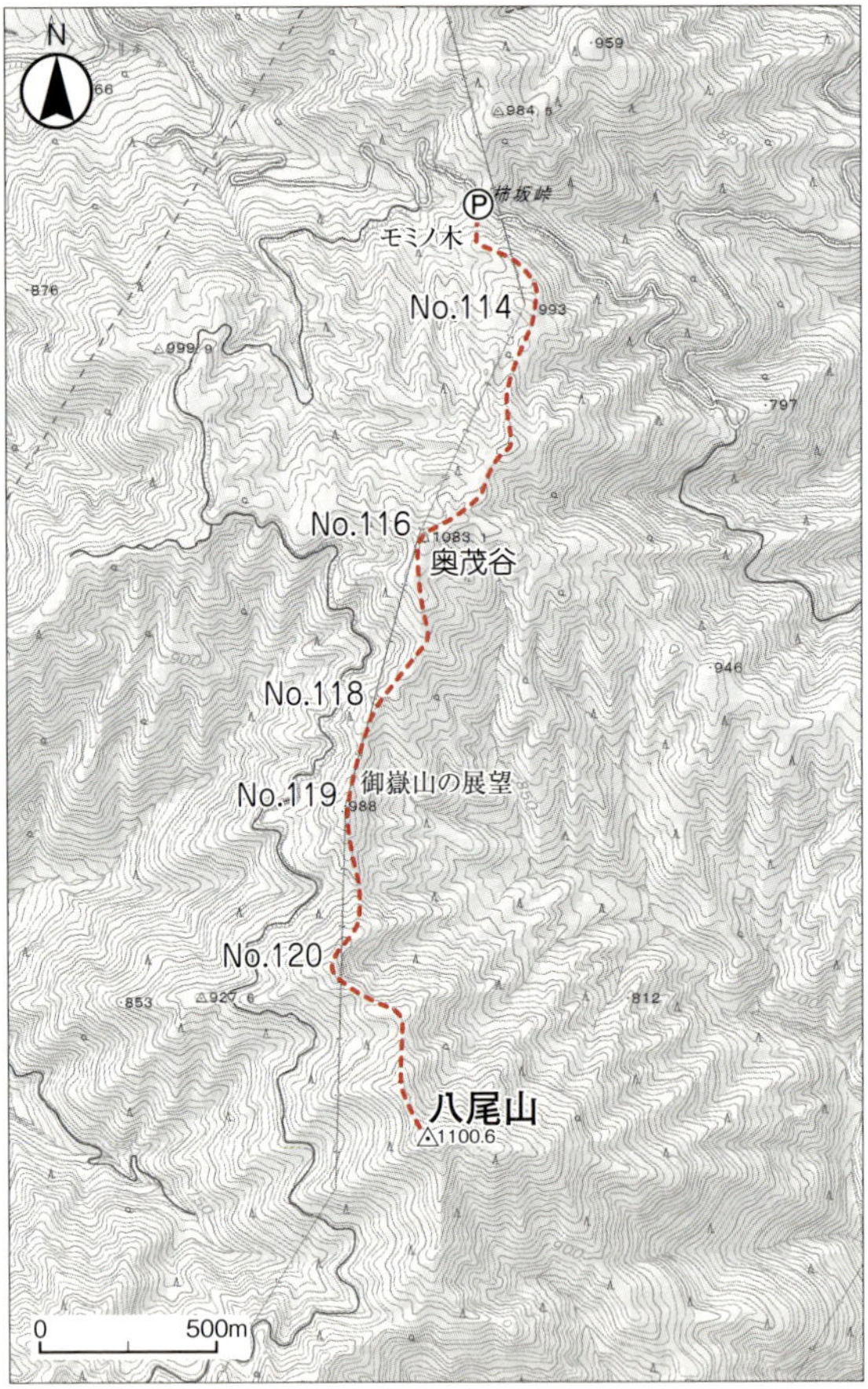

［地図］国土地理院の電子地形図 25000 を掲載

禅昌寺大杉

［コースタイム◉ 4 時間 10 分］

柿坂峠 ……（40 分）…… 奥茂谷 ……（1 時間 40 分）……（1 時間 20 分）…… 奥茂谷 ……（30 分）…… 柿坂峠

踏査年月日◉ 2006・4・29

12 行《ぎょう》水《すい》洞《どう》

新雪の無名の山に登る

1069・5m

難易度◉ 健脚度◉ 地形図◉「萩原」

十一月末に飛騨踏査の取材で清見から萩原などをドライブした際、萩原中呂の禅昌寺近くの飛騨川対岸に形の良い山があって、登れるのではないかと地図を調べたところ、山の西側から山腹途中まで林道が上がっている。林道の下部は針葉樹林帯——植林の様だが上部は広葉樹林帯で、これは登れるのではないかと、チャンスを窺っていた。今回は位山の南側ルートとセットで計画したが、この行水洞の下山後、下呂で泊まった夜からの降雪と冷え込みで、朝、国道を北上している際に路面が凍結しているようで不安になって、位山は中止した。

行水洞山頂

朝、トラブルもあり出発が予定より一時間遅れ。車は順調に走り萩原に入った。天気予報では飛騨は降水確率の数字があったが、萩原では晴れてきた。前日には御嶽山の雪上訓練の仲間が撤退してきているので、それに較べて運が良い。

新日和田トンネルを馬瀬側に抜けて、積雪があるので四駆にして坂を下る。地形図が古いのか道路の感じが違っていて、中々現在地がつかめない。仕方がないので民家にて道を尋ねて現在地が惣島とわかり、引き返して林道入り口に着いた。林道は車が入れるようだが予定通り歩くことにする。登山口付近では檜だろうか植林の木に積もった雪がボタボタ落ちてきて、濡れてしまう。

林道はコンクリートを流しただけの様な適当な舗装や、石ころで歩きにくい。林道は小さな沢の右岸に付けられていて、右手の支尾根を見ながら登って行く。小一時間登ってその支尾根と同じくらいの高さになってきた頃、林道の分岐に着いた。私の古い地形図では林道の分岐は載っていないが、この辺りが山に取りつく予定の所で、付近は地形図に見るように広葉樹林に変わっている。その広葉樹は樹高の高い木がまばらに生えていて、明るい林である。左手の林道に入った所から支尾根に取り着く。もちろん作業道も登山道もない山である。この時期は積雪——新雪の為に登るのは難しいと、従来は思っていたが、この年の初めの福井県若狭の葦谷山の経験から多少の雪があっても登れるのではないかと考えて今回の山行を組んでみた。その狙い通りに積雪期の広葉樹林は登れるのを実感しながらの登行となった。但し、積雪は15㎝ほどで雪の下に隠されている枝や岩には時々足を取られて思うようには進まない。

山頂からの展望

積雪に苦労しながら登っていくと、斜面が急になり少しの岩も出てきて登れそうなところを選んで登った。下山は岩場のない北側の斜面を下るべく、赤布の印を付ける。しばらく普通の斜面を行くとまた岩場が出てきて、これは左手の弱点を選んで登った。これを越えると次第に上が明るくなってきて、稜線が近いことを思わせた。

傾斜が緩んで稜線に立つ。東側の展望――この辺りからは御前山が見える位置だが、残念ながら樹林と雲に遮られて見えない。山頂三角点への稜線は積雪が30㎝を超える位で、雪山歩きには丁度良い積雪量となった。

山頂三角点は標柱がしっかり建っていて、辺りの雪を蹴飛ばすとすぐに三角点標石も発見。山頂からの展望も東側が悪く、三方は飛騨の山々が重なり合って山々の同定はできなかった。山頂南東側は樹林は赤松が多い。赤松は荒れ地に最初に進出するようで、以前山が崩れて荒れていたのか、山火事でもあったのか――と想像を巡らせる。

下山は同じルートを下降。途中二ヶ所の悪場もそのまま下降した。

［地図］国土地理院の電子地形図 25000 を掲載

［コースタイム◉ 3 時間 30 分］

林道入口 ……（50 分）…… 支尾根取付き ……（1 時間 20 分）…… 行水洞三角点 ……（1 時間）…… 支尾根取付き ……（20 分）…… 林道入口

踏査年月日◉ 2013・12・15

13 帯《おび》ヶ《が》平《たいら》 930・4m

萩原から馬瀬へ交易の峠道を辿る

難易度◉ 健脚度◉ 地形図◉「萩原」

帯ヶ平三角点

帯ヶ平は萩原から馬瀬に通じる日和田峠の北側にある三角点である。萩原の益田橋で飛騨川を渡り、国道二五七号線を馬瀬へと向かう。

峠からの距離も短いので、三月雪山ハイキングのつもりで出かけた。新日和田トンネルを抜ける国道からの林道歩きが長いのでは?などという話が出て、林道に車を乗り入れることとなった。国道からのゲートは開いていてそのまま車を乗り入れる。当初は国道から林道を歩く予定であったが幸か不幸か積雪は少なく、そのまま進んで旧日和田トンネル(日和田隧道)手前まで入ってしまった。積雪がなければ四駆車でなくても進めるかも知れない。

旧日和田トンネルは昭和九年に通じ、昭和五十二年には現在の新日和田トンネルが開通している。道路が通じる前は、馬瀬村から馬で木炭や繭を運び、帰りには馬の背に日用品や米俵を積み、更に馬を引く人が背中に米俵一俵(60kg)を担いで峠を越えたという。

トンネルは閉鎖されていて、その手前が少しの広場となっている。車は方向転換して停める。トンネル手前からは山側に二つ道が付いている。右手、北側の道は小沢沿いで林業用の作業道の様。左手の道は上に石積みが見られて旧峠越えの道と見られる。石積みに期待して左手、南側の道にルートを取る。

道は手が入れられているようで幅は広く、ほどなく峠に着いた。

峠には「昔の馬瀬峠」の標識が付けられていた。峠より南の稜線は道の跡は薄いが、北への道は手が入れられているのか、幅が広い。北に向かうと送電線のパンザマスト電柱、壊れた作業小屋の跡、を見て行く。木もれ日の道、の標識も付けられていた。しばらく行ってもトンネル手前の右手からの道らしき跡が上がってきているようには見られない。道は広く

新雪の稜線

新雪を踏んで尾根通しに北上していく。872m標高点は東側に巻道があるがすぐに怪しくなるので、少し遠回りに見えるが尾根通しに行く。かなり平坦な尾根となり赤テープの印を見落とさないように行くと、東屋が二つ見える。両方とも随分と痛んでいる。西側の東屋の方が大きくしっかりしているようで、そちらに入って小休止。中の土間は土が霜柱で盛り上がって、フワフワになっていた。東屋の前には太い柱が二本建っていて、大きな案内板か何かが付けられていたようだ。峠からの道などは東屋の傷み具合と云い、随分と前に一度遊歩道として整備されてそのまま放置されているようだ。

　東屋からやはり平坦な林の中を北上すると左手に高い所があるので行ってみると、そこには御料局三角点が埋まっていた。益田郡に存在する御料林は「其面積三萬四千三百三十三町歩」余り、「維新前は總て御林山と称して伐採を厳禁」されてきた。「維新の政権奉還と共に御林山は總て國の所有と」なった。下って「明治二十二年八月全部帝室財産に編入科せられ、宮内省御料局主管」となった。つまり徳川幕府の直轄地であった山林は明治時代半ばには宮内省の主管になったということである。御料局三角点はその名残りとして残っているということになる。

　御料局三角点より北東寄りに進んでいくと、帯ヶ平の三角点が埋まっていて、今回の目的地に到着である。

　帰路は往路の尾根をそのまま戻る。

［立ち寄り湯］下呂大江戸温泉、国道四十一号線沿い。下呂トンネル南口。国道沿いで便利である。五百円。

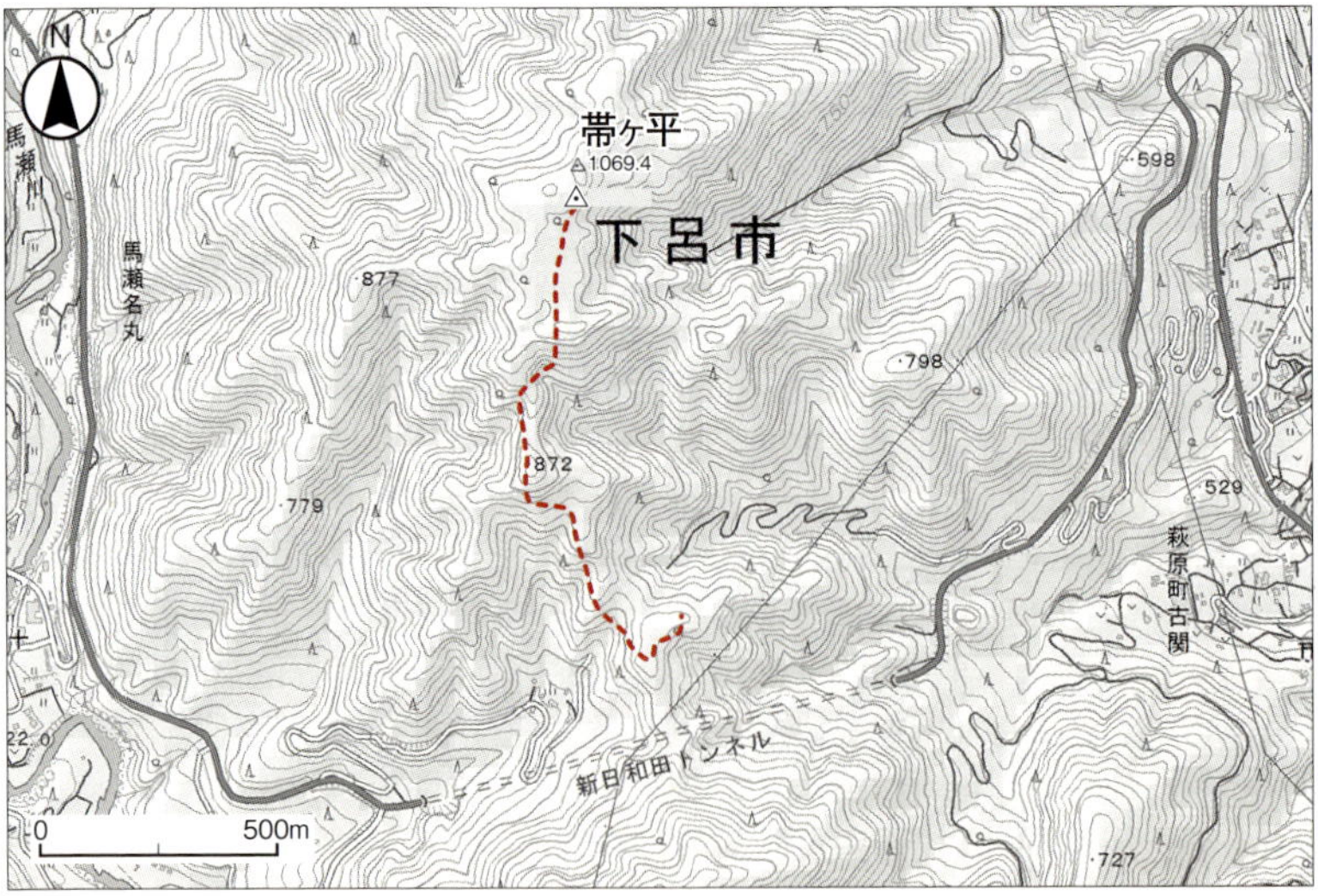

［地図］国土地理院の電子地形図 25000 を掲載

［コースタイム◉ 2 時間 10 分］

旧日和田トンネル東口 ……（1 時間 10 分）…… 帯ヶ平 ……（1 時間）…… 旧日和田トンネル東口

踏査年月日◉ 2014・3・8

14 御前山《ごぜんやま》

御嶽山遥拝の山

1646・3m

地形図◉「湯屋」「萩原」

上村~御前山《ごぜんやま》

難易度◉★★　健脚度◉

御前山は御嶽山の遥拝所として知られ、古くから良く登られているとのこと。「ぎふ百山」の御前山の頂には「御前という山名は、平凡なようでありながら全国ではあまり見当たらない。」とあり、これには意外であった。一六○○m以上の山では、白山主峰の御前峰、白川村東方の御前岳、それに萩原の御前山の三山しかないという。白山と御嶽山とそれぞれが信仰の山につながることにも気づかされる。

御嶽山をバックに山頂標識

上村ルートは、飛騨萩原上村の村外れにある白山神社が登山口となる。白山神社へは国道41号線御前山登山口の標識を見て右折し、鳥居手前の駐車場に車を停めさせていただく。国道の入り口の標識は小さくて見落とし勝ちである。国道沿い東側、運送会社と消防設備工事点検の看板のある建物の間の道を東に入る。後は町中の標識に導かれて白山神社に至る。

鳥居をくぐり、社殿を右に見て左手の道を行くとしばらくで山道の入り口となる。右下へ堰堤への道を分け、左山で登っていき一合目白山地蔵を経て小さな沢を渡り林道に出る。林道を横切り急な道を登っていくと支尾根状となる。二合目傘松観音、三合目牛首観音を経て赤松などの雑木林の道を登っていくと、再び広域林道にでる。ここは開けていて、駐車スペースもある。

広域林道より登るといったん林道の終点を右に見て行き、鷹巣岩への分岐となる。鷹巣岩では麓萩原の町並みが見下される。尚も雑木林の支尾根を登っていくと、七合目

登山道の観音様

春の御嶽山

油坂三角点のある広場に着く。この辺りはミズナラなどの広葉樹林で気持ちの良い所、秋の一日ボンヤリと過ごしていたいところである。太い木には「コシアブラ」の名札もある。

油坂よりは尾根も緩やかとなり、撰場観音を経ていくと樹高も低い木が多くなる。道の両側の笹の背は高くてあまり展望は良くない。樹木には名前を記した札も多く付けられていて「白しゃくなげ」「サラサドウダン」などの名もあり、初夏には花々が楽しめそうである。

八合目石楠花観音、笛吹観音を経て、No.92鉄塔辺りからは見晴らしも良くなり、No.90鉄塔焼堂ヶ原の広場に着く。初めて御嶽山が望まれる。麓を早朝出発でもこの辺りが中憩になろうか。広場からしばらくで樹林帯

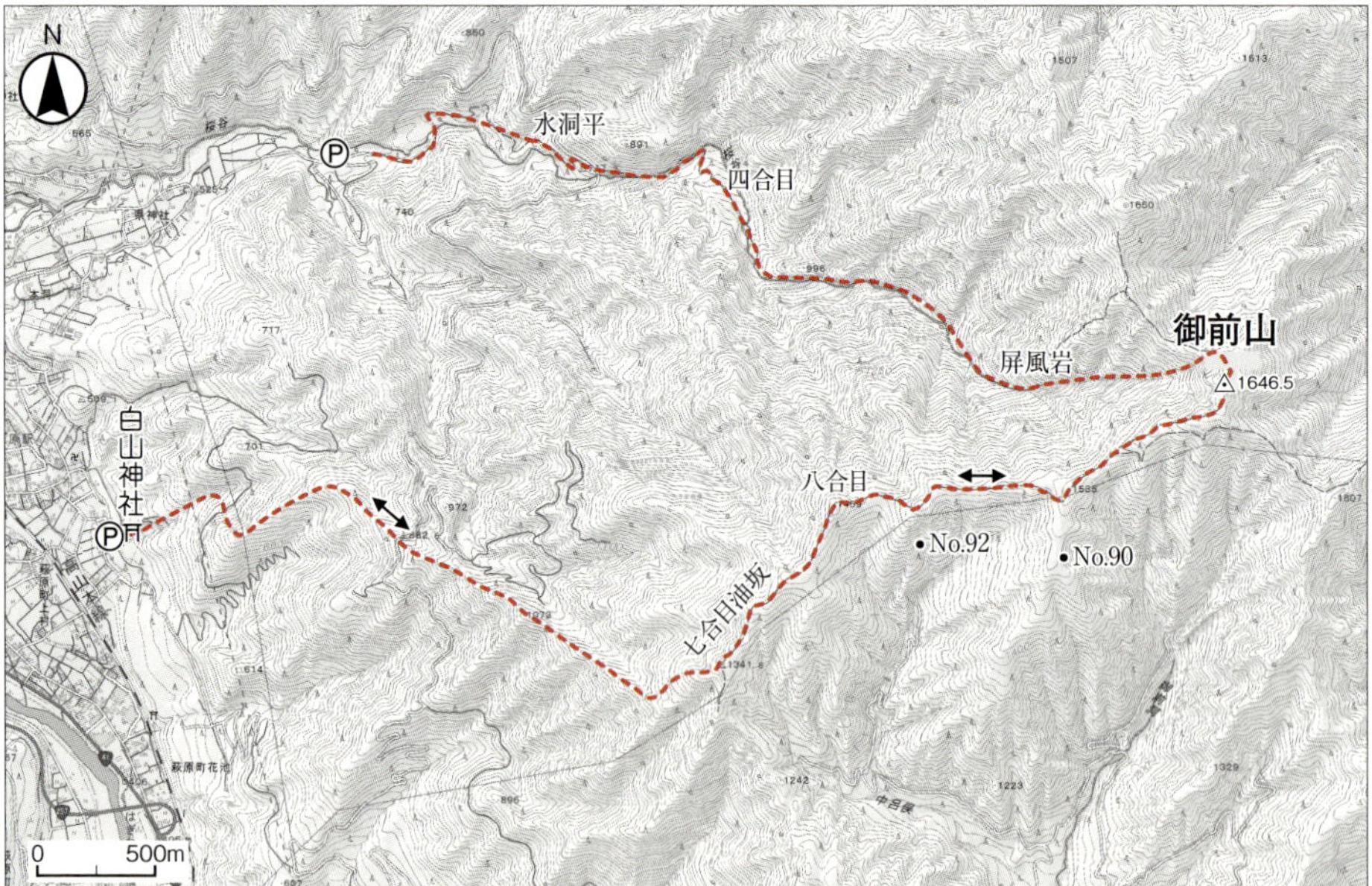

［地図］国土地理院の電子地形図 25000 を掲載

［コースタイム◉ 7 時間 40 分］
上村白山神社 ……（1 時間 30 分）…… 林道 ……（1 時間 40 分）…… 油坂 ……（1 時間 15 分）…… 九合目 ……（30 分）…… 御前山 ……（45 分）…… 油坂 ……（1 時間）…… 広域林道 ……（1 時間）…… 上村白山神社

踏査年月日◉ 2011・5・20

に入り、足元にはショウジヨウバカマなどを見て行く。御前山山頂は祠が祀られており、雪の残った御嶽山を間近に見る。

往路は登って来た道をそのまま辿る。山麓より細い林道を利用して、広域林道までは車が上がるので、これによれば行動時間の短縮はできる。

桜洞～御前山《ごぜんやま》

難易度◉★★　健脚度◉

秋の御前山

桜洞からのルートは林道で水洞平まで上がることができるので、上村ルートよりも簡単に登ることができる。

ＪＲ飛騨萩原駅前を北に行き、踏切を渡って道なりに北上する。道は桜洞の農村風景を見て東に向かい、県神社を横に見て林道に入っていく。林道は、以前は登山口の水洞平まで入れたが、途中で通行止めとなっているので、空き地を見つけて車を停めることとなる。

植林地の暗い林道を抜けると、東屋のある水洞平の明るい広場着く。林道はここで広域林道と交わっている。広場には枝垂れ桜が植えられているので、春には愉しみの所である。

水洞平より桜洞右岸の林道に入る。道は木馬道として使われていたとあり、広く歩きやすい。山間は紅葉が始まっていて、道には色とりどりの落ち葉が積もる。途中、臥龍岩の標識を見て、林道の終点に着く。これより山道となり、いくつかの橋を渡って沢沿いの道をいき左岸に渡ってしばらくで、七合目標識の立つ屏風岩の下に着く。屏風岩は沢の北側に毅然とそそり立っている。

登山道は狭まり、笹も現れるが道に被さるほどではない。沢近くの道で苔むした岩の所もある。少しの急登をこなして岩の積み重なる山頂に着く。

まだ秋は浅く、山頂からは快晴の空に御嶽山が大きく望まれた。

後日、広域林道をを車で走ったこともあるが、落石が転がっていて、パンクに注意したい。

屏風岩を見上げる

萩原町桜洞より御前山

シダレザクラの多い水洞平

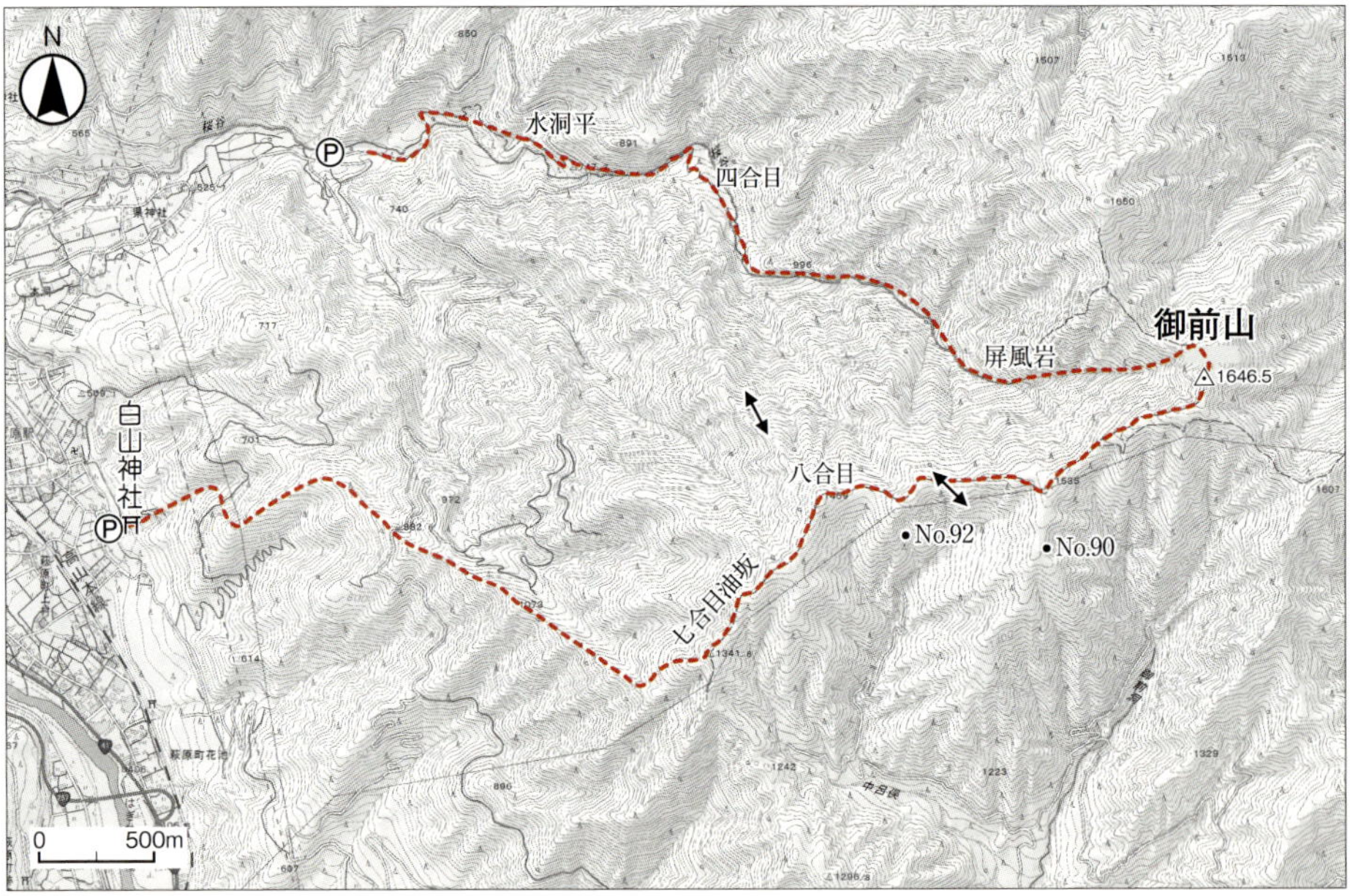

［地図］国土地理院の電子地形図 25000 を掲載

［コースタイム◉ 6 時間 30 分］
車止め……（1 時間）……水洞平登山口……（1 時間 20 分）……屏風岩……（1 時間 10 分）……御前山……（50 分）……屏風岩……（1 時間 30 分）……水洞平登山口……（40 分）……車止め

踏査年月日◉ 2007・10・13

15 天《てん》ヶ《が》岩《いわ》 1052m

飛騨萩原を見渡す山

難易度◉★★　健脚度◉　地形図◉「萩原」「山之口」

天ヶ岩三角点

天ヶ岩は最近ネット上などに登場した山で、元ＮＴＴ無線中継所への道を利用して登る。

国道四十一号線上呂より更に北上し、奥田洞洞道を抜けて赤岩バス停の北より右折し、南の道路に入る。村中の道を南下し、枝垂れ桜含めて四本の桜の大木が満開の下を通り、山中の林道に入る。林道をしばらく走ると標識のある林道分岐に着く。登山口に続く林道は左手だが、この先の林道は荒れているので、普通車では難しいだろう。ここでは林道終点の広場まで入ったが、林道歩きで一時間ほどは余分に掛かることになる。

植林地の林道を上っていき、林道終点の広場に着く。

広場には、天ヶ岩の由来を書いた標識が立つ。

登山道は標識に向かって立ち、右手の階段を下りる。下層植生の乏しい植林地の中を南下し、小さな谷に架かる崩れた丸木橋をいくつか渡って行く。登路は右手の斜面に移り、少しのトラバースから階段を急登して支尾根上に上がる。松ぼっくりのたくさん落ちている所を踏みつけて行くと天ヶ岩に連なる尾根にでた。ＮＴＴの無線中継所は既になく、小さな広場だけが残る。中継所跡地であり、萩原の町並みなど場所的にも展望は良さそうだが、今日は曇り空でガスっており、さっぱりであった。

天ヶ岩には東に向かい少し下ってから登り返していく。山頂の北側には落葉松林があるが、まだ芽吹きには早い。天候が悪いので周りの林もくすんで見える。南側は御前山の登路の桜谷。天気が良ければ御前山が展望される位置である。

無線中継所近くまで戻ると、往路ではまだ開いていなかったカタクリの花が開いてきていた。下山は往路をそのまま戻る。無線中継所がなくなっているため、今後、登山道は荒れるに任されることになるだろう。登山靴を脱いでいると、林道終点広場には苔

林道分岐左入る

がびっしりと絨毯のように生えているのに気が付いた。

お美津稲荷

天ヶ岩だけでは少々時間が早いので、国道沿いで気になっていたお美津稲荷に立ち寄る。上呂の北にはこのお稲荷さんの幟などが立ち、目立っている。由来によると、昔、この地上呂サイラノにお美津と云う美女に化けるのが得意な狐がいたとのこと。二百年程前の古文書によると、お美津狐や飛騨中の古狐十匹などが高山石浦在浄見寺に集合し、連れ添って故郷サイノラに帰る道行が記されている。この縁により、地域の有志が稲荷の御堂を建てたが、この工事中に白蛇二匹が現れたので、白龍山お美津稲荷と称し現在に至っている。

春のお美津稲荷

小さなお稲荷さんに関わらず、春、何よりもその花の綺麗なことである。参道の入り口には、紅白のハナモモ、梅が咲き、階段脇には、山桜、八重桜、スモモ、梨の木々が花を競い、そして足元にはカタクリが可憐な花を咲かせる。

また、お稲荷さんを守って来られた隣の今村氏宅の庭先にはサザンカ、楓、イチイ、ドウダンツツジなどが綺麗に手入れされている。

［地図］国土地理院の電子地形図 25000 を掲載

［コースタイム◉ 1 時間 10 分］

林道終点広場 ……（40 分）…… 天ヶ岩 ……（30 分）…… 林道終点広場

踏査年月日◉ 2013・4・20

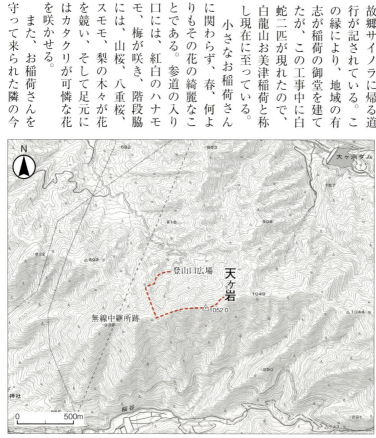

16 仏《ほとけ》ヶ《が》尾《お》山《やま》

下野上から仏ヶ尾山

1139・4m

難易度◉★★　健脚度◉　地形図◉「萩原」

仏ヶ尾山は飛騨萩原町の御前山に、飛騨川をはさんで対峙する山である麓の下野上集落より登山道が開かれている。

仏ヶ尾山登山口

JR高山線上呂駅前の交差点を左折し、国道四十一号線を渡る。飛騨川を浅水橋で渡り、野上の集落に入り、県道を横切り、JA益田浅水支所の裏手を左折するとすぐに保育園がある。ちょうど、運動会が始まったばかりで、子ども達の歓声が上がっている。しばらく行くとY字路となり、山側のガードレールのある道に入る。消火栓のある三叉路を右へもどるように行くと、左手の小さなログハウスのあるところが登山口である。車の場合は、この先の黒谷に懸かる大原橋を渡り、小さな墓地の付近に五～六台の車を停めるスペースがある。

登山口には標識が立ち、簡易水道の中継升も作られていて、水が溢れている。この水の溢れた下にはトリカブトが鮮やかな赤紫の花を咲かせていた。標識に仏ヶ尾山の名の由来が書かれている。

登山道に入ると左手に送電線鉄塔を見て植林地に入る。しばらくは急登の登山道である。この急登を登っていくと左手が広葉樹に変わってきて、ロープの張られているところから展望の利く所に着く。下山時、ここから下りは、同じような植林で方向を失いやすいので、注意する。

ここよりは道の傾斜も落ちる。登山道には、二百m毎に標識が立てられていて、それぞれに励ましの言葉と山頂までの残りの距離が記されている。

やがて、高さ四m、幅十m以上の大岩が現れる。大岩の前には雨乞いがされたことを記された立て札が立つ。ここよりは萩原の町並み、八尾山への山の連なり、飛騨川をはさんで鶴が翼を広げたような

御嶽大神 白山大神

御前山を望む

大きな御前山の展望が広がる。

　苔むした岩のいくつもある稜線を行き、急な植林地を登っていく。この急登は踏み跡が薄いので、下山時にはやはり注意したい。植林地を登りきると町村界の稜線に立つ。仏ヶ尾山の一つ南のピークで、御岳大神・白山大神と彫られた石碑が建つ。雨乞いの人たちはここまで登って来たという。ここより北寄りに方向を変え、少し下って緩やかに登っていくと仏ヶ尾山山頂である。

　山頂には、御岳・乗鞍岳・白山を示す道標が立ち、東側の展望が開けている。

　下山は往路を下るが、石碑からの植林地の下り、展望の所からの下りは道や方向を見失いやすいので注意する。

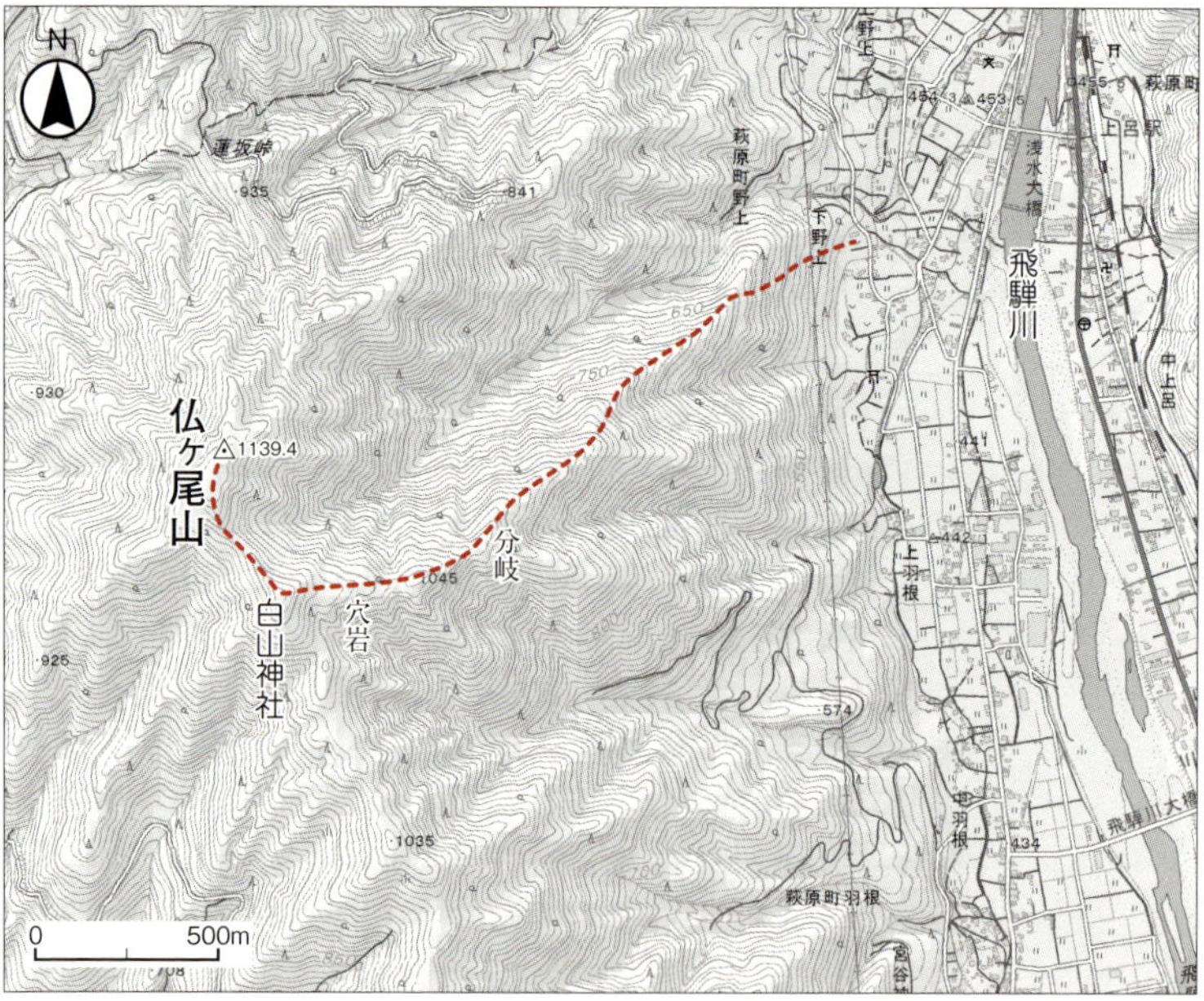

［地図］国土地理院の電子地形図 25000 を掲載

［コースタイム◉ 5 時間 10 分］

ＪＲ上呂駅……（20 分）……登山口……（2 時間）……仏ヶ尾山……（2 時間 30 分）……登山口……（20 分）……ＪＲ上呂駅

踏査年月日◉ 2017・7・3

みずみずしい森の散策

17 島《しま》脇《わき》谷《たに》山《やま》 1324・9m

難易度◉★★★　健脚度◉　地形図◉「山之口」

島脇谷山は船山などと共に岐阜大学の演習林に含まれていて、入山に際しては大学の許可願の提出が必要である。

山頂三角点にて

許可申請の書式をダウンロードし、登山口の事務所に提出して入山となる。林内には林道が何本も通っていて、その林道を利用したり横切ったりしての登山となる。また登山道沿いには小さな沢がいくつも流れていて、登山道は水が豊富な瑞々しい山でもある。

島脇谷山へは下呂市上呂駅前にて浅水大橋を渡り、県道88号線を右折、この先98号線に入って位山峠へ向かう。演習林の標識を見て右手の急な坂道を上っていくと演習林管理事務所の建つ広場に着く。

今回は事務所内では工事中であり、事務所の方に許可願を提出して入山した。事務所の前の広場に車を止めさせていただき、出発。しばらくは林道歩きである。沢沿いの林道を上がって行き、この沢を渡ると林道の分岐となる。これを左に取り、右手の階段を上がった所に山王さんの祠が祀られている。銘々登山の安全を祈願。山王さんからすぐの所にはアスナロの大木が立ち、左手の沢に道が下っている。今回はこの橋の道が下山路となる。

林道をそのまま進み、再び林道の分岐となり、展望台の標識がありこれを左に取る。少し登ると仮設用トイレが設置されている。林道は林班11・12の標識で沢を渡って一度西に向きを変え、支尾根に乗って東進する。坂道を登りきると林道終点となり、これより登山道に入る。自然林の中を気持ちよく上って行くと、土砂の堆積したところの末端に着き、これを右手の林の中から越えると林道にでる。林道を横切り山道を更に登って行くと稜線に立つ。稜線上は落葉松などの樹林に覆われていて、展望は得られない。足元には半ば

中腹の林道からの登り口

御嶽山展望

実のなくなった栗のイガが落ちている。この稜線を登っていくと一度林道に出て展望台らしきところに出る。特に展望台の標識はないが、広場になっていて、丁度石畳みのように岩の並んだ場所があり、休憩ポイント。御嶽山の雄大な眺望が期待されたが、この日は生憎と曇り空で、望めなかった。辺りには、ミズナラ、トチ、赤松などの大木が繁っている。

　山頂へ向かうとネット情報にあるミズナラなどの巨木を見て行く。山頂は特に展望もないので、そのまま稜線を北進し下っていく。左に下る道を見送り、ミズナラ、トチなどの大木を見ながら下っていくと、林道にでる。この林道は山腹を巻いているので、これを南下して戻っていく。やがて林道脇に林班8—9の標識を見つけてこれを下る。地形図には出ていない林道に出会い、これを左折。林道は何本も交差していて、分岐は南に戻るように左を選んでいく。比較的古い地形図上の林道に乗れたら、これを15分ほどトラバースしていく。林道右手に10—民の標識を見つけて、これを下山路に取る。道は痩せた支尾根上の急な道である。赤松の根元にキノコを見つけて匂いを嗅いでみると微かに松茸の匂いがするが、他のカビの様な臭いが強くて、食べられそうもない。支尾根北側の斜面は、皆伐をせずに広葉樹を間引くように伐採がされている。ひとしきり下って左手の沢音が近づき、木の橋が見

山王さん

えてこれを渡ると山王さん近くの林道に上がった。

この日はリハビリ山行組が多く、コースタイムはゆっくり目。林道や作業道が何度も交差しているので地形図を良く読んで行動されたい。

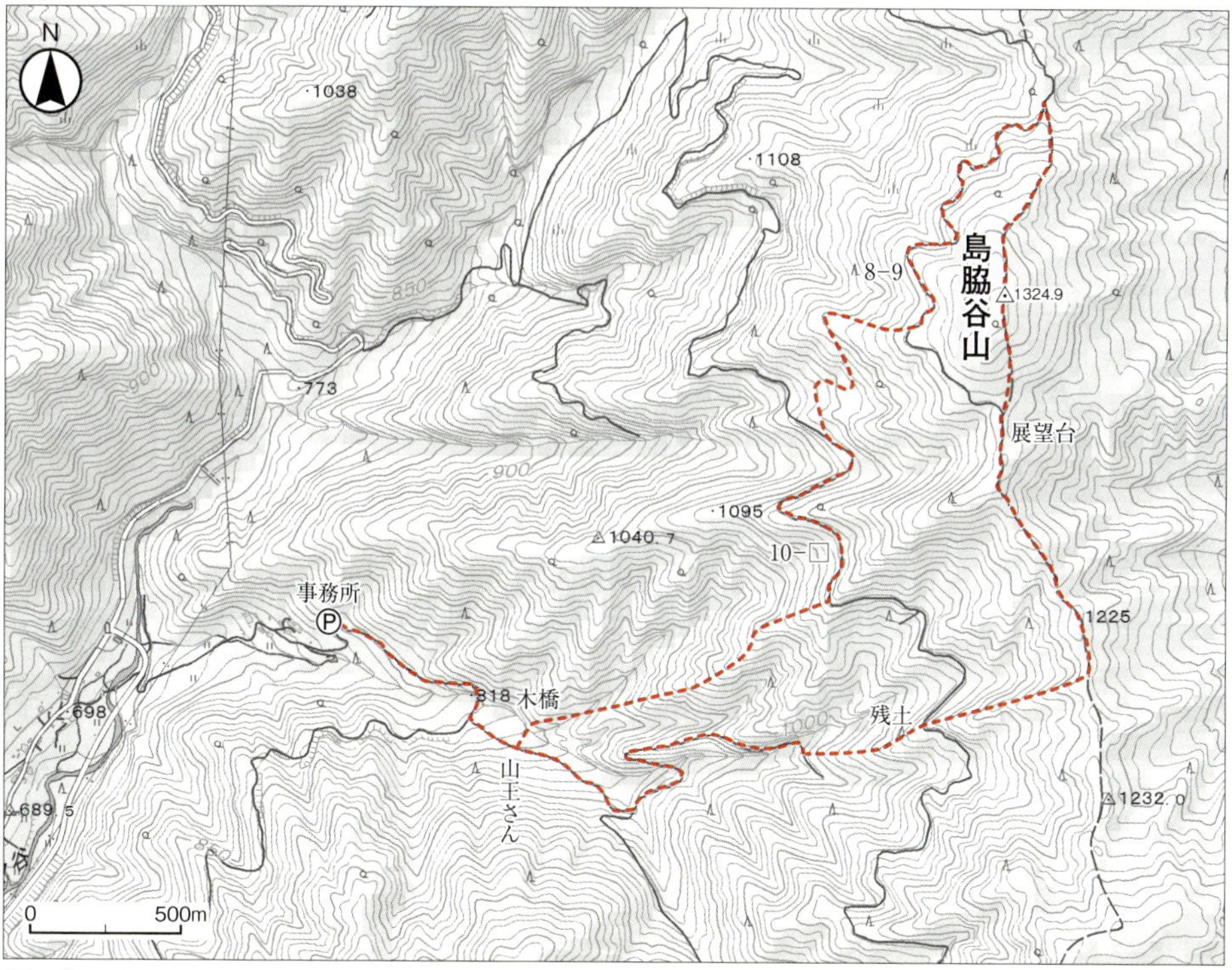

［地図］国土地理院の電子地形図 25000 を掲載

［コースタイム◉ 4 時間 25 分］

演習林管理事務所 ……（50 分）…… 林道終点登山口 ……（40 分）…… 稜線 ……（15 分）…… 展望台 ……（30 分）…… 林道 ……（1 時間）…… 10−民標識下降点 ……（1 時間 10 分）…… 演習林管理事務所

踏査年月日◉ 2013・10・6

18 渚《なぎさ》山《やま》 1077m

初夏、無名の山を登る。

難易度◉★★★　健脚度◉　地形図◉「飛騨小坂」

渚山山頂

渚山は点名「渚」で、山の名前とはなっていないようだ。山の中で渚があるとは変な名前だが、地名となっていて、国道41号線には道の駅もある。前年の同じような時期にやってきたが、猪などを除けるためのネットフェンスが丁度張られたばかりで、入山できず転進したことがあった。最近のネットでは登られている例が見られる。

この前日、若栃山（点名）が登れずに時間ができ確認に来たところ、ネットの下は固定されておらず、内側の電気柵も絶縁握手が作られていて電線を外すことができることがわかった。次の機会に来ようと思って下呂の宿に戻ったところ、天気予報では夏日となっていることが報じられていた。これでは次の日に予定していた桑崎山は雪がなくなってしまっていて、完全に藪漕ぎとなっているだろう。桑崎山は後日、春の連休に来ているがその時はたっぷりの雪で残雪の山を楽しんだ。北アルプス展望の山なので是非試されたい。夏日になるということなので、雪が減ってしまって藪漕ぎになるかも知れない。そう思うと急に心配になり、急遽、翌日は渚山に行くことに変更した。

朝、宿の出発はゆっくり目。国道を走らせていると緑が一段と濃くなっているようだ。前年同様神明神社前に車を停める。熊崎家の次の石垣を左折し、農道を行くと林の中のフェンスに行き当たる。昨日確認したとおり、フェンスを潜り、電気柵を外して入った。もちろんきちんと元に戻しておく。それにしても前年、麓の方は柵ができたばかりのことは教えてくれたが、電気柵の使い方は教えてくれなかった。

しばらくは植林帯の急登。支尾根に出ても急登は続く。支尾根上は植林と赤松、広葉樹の混交林で、傾斜が緩んでしばらくしてNo.23鉄塔。ミツバツジは晴天続きで花びらが乾いてしまっていて、鮮や

神明神社

かさが少し薄れている。ミズナラが多くなり、ナツツバキのように木肌の剥がれているものはリョウブとの区別がつかない。花が咲けば全然違うのでわかるだろう。ツツジ科の木であるネジキも見られた。

No.22鉄塔までは真っすぐに登っていく。No.22鉄塔からは傾斜も緩く、北東の稜線の新緑が萌黄色になってとても綺麗だ。笹も出てきて、笹とミズナラの取り合わせも楽しい緑の配置だ。No.21鉄塔の分岐はパスして、No.20鉄塔に出ると展望が開けるが、足元に笹が刈られたのか枯れたのか、骸骨状態となっていた。

No.19鉄塔に向かって登っていき、もうすぐ山頂ではないかと巡視路を外して林に入ると山頂三角点であった。展望が開け、御嶽山が多くの残雪を残して輝いていた。帰路は、そのまま戻る。

新緑の登山道

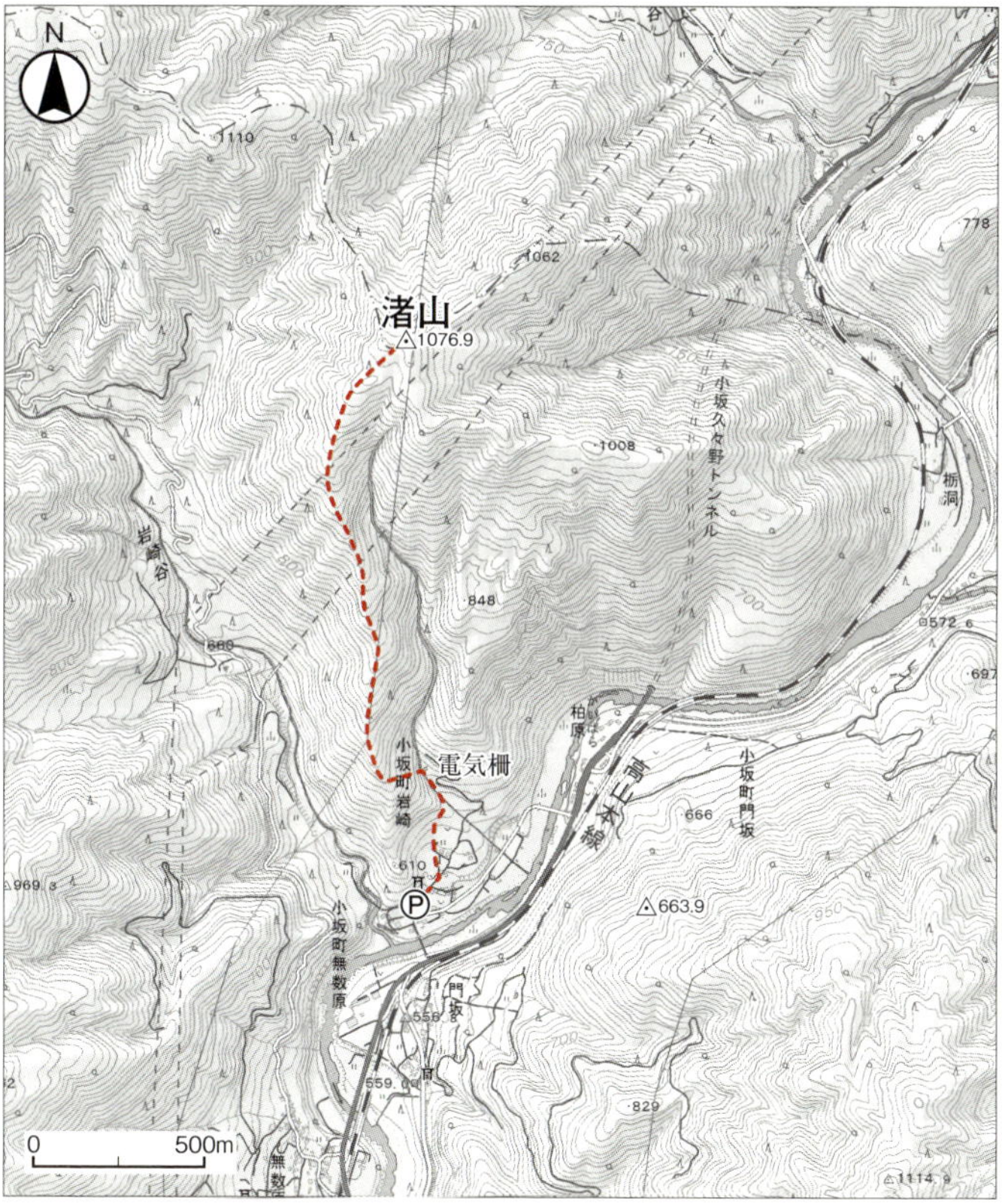

［地図］国土地理院の電子地形図 25000 を掲載

［コースタイム◉ 2 時間 40 分］

神明神社 ……（1 時間 40 分）…… 渚山 ……（1 時間）…… 神明神社

踏査年月日◉ 2009・5・10

19 川《か》上《おれ》岳《だけ》 1625・9m

天空の遊歩道への山

難易度◉★★　健脚度◉👟👟👟　地形図◉「山之口」「位山」

川上岳は高山市・下呂市・郡上市三市、旧地名では飛騨大野郡・益田郡、郡上郡境に位置する一等三角点の山として知られている。川上岳は位山などと共に飛騨川上流の分水嶺を形成する山で、山頂付近には高い樹木が少なく、展望の期待される山でもある。位山に続く稜線には天空の遊歩道が開かれていて、天空の縦走路が楽しめる。縦走の場合には早朝からの行動や交通手段の確保が必要となる。

萩原山之口から川上岳

国道四十一号線を下呂市上呂駅前で左折、浅水大橋を渡り右折して県道宮萩原線を北上する。飛騨匠街道の名前が付けられている。標識を見て知喜里橋を渡って山之口川沿いの林道を遡る。荒れた道で四駆など車高の高い車の方が良い。随分と長い林道で、林道の終点はゲートとになる。広場となっていて、車は何台も停められるが周りの植林が高く鬱蒼としている。

広場から戻るように幅の広い登山道に入る。左下に大足谷を見て行き、大木が二本倒れていて行き止まりとなる。ここで沢を右岸に渡る。橋はなく飛び石伝いに二ヶ所ほど渡れるが増水すると難しくなる。登山道は斜面を左に見てジグザグに登っていく。道は良く踏まれているが、登り始めてしばらくは木の根が多かったり、足元が切れ落ちていたりするので要注意。杉林が多くなり、斜面の笹は元気である。ミズナラ、落葉松もあり大足谷の沢音も次第に遠くなる。

ジグザグの登りから植林地を出て平坦な道となると、支尾根上となる。下山時に北に延びる支尾根に入り込まないように赤テープで止められている個所がある。ここからは概ね傾斜が緩くなる。樹相もミズナラ・モミ・落葉松・桧・シラカバと豊かになる。天気が良ければ山頂付近も望まれて気持ちの良い道なのだろうが、今日も生憎小雨混じりの空模様で、さっぱりである。ミズナラの大木を見ると旧宮村・清見村などを分ける

ガスに巻かれた山頂標識

林道終点からの登山口

大足谷徒渉点

ピークを巻いて左山で行くようになり、大足谷の源頭らしく小さな沢を渡って行く。しばらくの急登をこなしていくと、高山市と下呂市とを分ける尾根上に上がり、馬瀬からの道を合わせる。馬瀬からの道は刈払いがされていなくて笹が被っている。

　尾根伝いに上って行くと宮村からの登山道との三叉路に着く。三叉路を右折すると山頂へは一投足である。山頂付近にはドウダンツツジがあるが、以前よりも減ったようにも感じる。山頂から北には天空遊歩道が位山まで伸びている。

　天空遊歩道は行程が長いので登山口と下山口とに車の配置が必要となる。ただ、笹原の多い稜線に伐り開かれた道は変化に乏しく、見るべきものなどの魅力には欠ける。

　川上岳は北西風に対して壁になっているのか、天候の回復基調の時でも回復が遅れたり風が強かったりする。今回三度目となるが天候には恵まれていない。十月二十日頃には霧氷が付いていたこともあった。子供が小さい時に登った際に、強風に飛ばされないように山頂の標柱にしがみ付いていたのを思い出す。

［地図］国土地理院の電子地形図 25000 を掲載

［コースタイム◉ 5 時間 30 分］

林道終点広場 ……（3 時間）…… 川上岳 ……（2 時間 30 分）…… 林道終点広場

踏査年月日◉ 2012・11・9

20 位《くらい》山《やま》

飛騨川と宮川の分水嶺を歩く

1529・2m

難易度◉★★　健脚度◉👟👟　地形図◉「位山」

登山口となる苅安峠西側のモンデウス位山スキー場の広い駐車場の前には、ペンション風の建物が建ち、牧歌的な雰囲気となっている。また、飛騨川支流の無数河川と宮川上流の分水嶺公園ともなっている。

位山山頂

　スキー場の下を北へ回り込んでいくと位山遊歩道の標識が立つ。六月、広々としたスキー場の端を登っていくと、ウツギの花の紅が見事で、特に花が今にも開かんとするつぼみの色がひときわ鮮やかである。以前は樹林帯の中に遊歩道が付けられていたが、今では道は全てスキー場の端になっている。日陰がないので、陽が高くなって暑くならない内にスキー場を登ってしまいたい。振り返ると、宮村が盆地となって霞んでいる。

　スキーリフトの終点広場は広々としていて、アンテナを何本も乗せた船山のゆったりした山容が望まれる。秋、下山時にスキー場で振り返るとススキが銀色に輝いて素晴らしく綺麗である。

　リフト終点からは広い尾根筋の登山道に入り、大奈山の三角点に着く。尾根道はコメツガなど針葉樹とシロモジ・ミズナラ・赤松などの自然林で、傾斜は緩やかな道である。小さな祠を経ていくと、道の両側には大岩が樹林帯の中に見える。「畳岩」「門立岩」「尻立」など名付けられているが、ネーミングの良く分からない岩もある。樹林が少し明るく感じられる頃、道の真ん中に「天の岩戸」が座っている。これを回り込んでいくと山頂の一角に入っていく。山頂には展望台が作られている。展望台からは梅雨空

門立岩

の下、川上岳への稜線が連なっていた。

　下山の時、登っている時には気が付かなかったが、足元にチゴユリがたくさん咲きはじめていた。スキー場まで下ってくると、放牧された牛たちがのんびりと草を食んでいるのが眺められる。

モンデウススノーパークにて

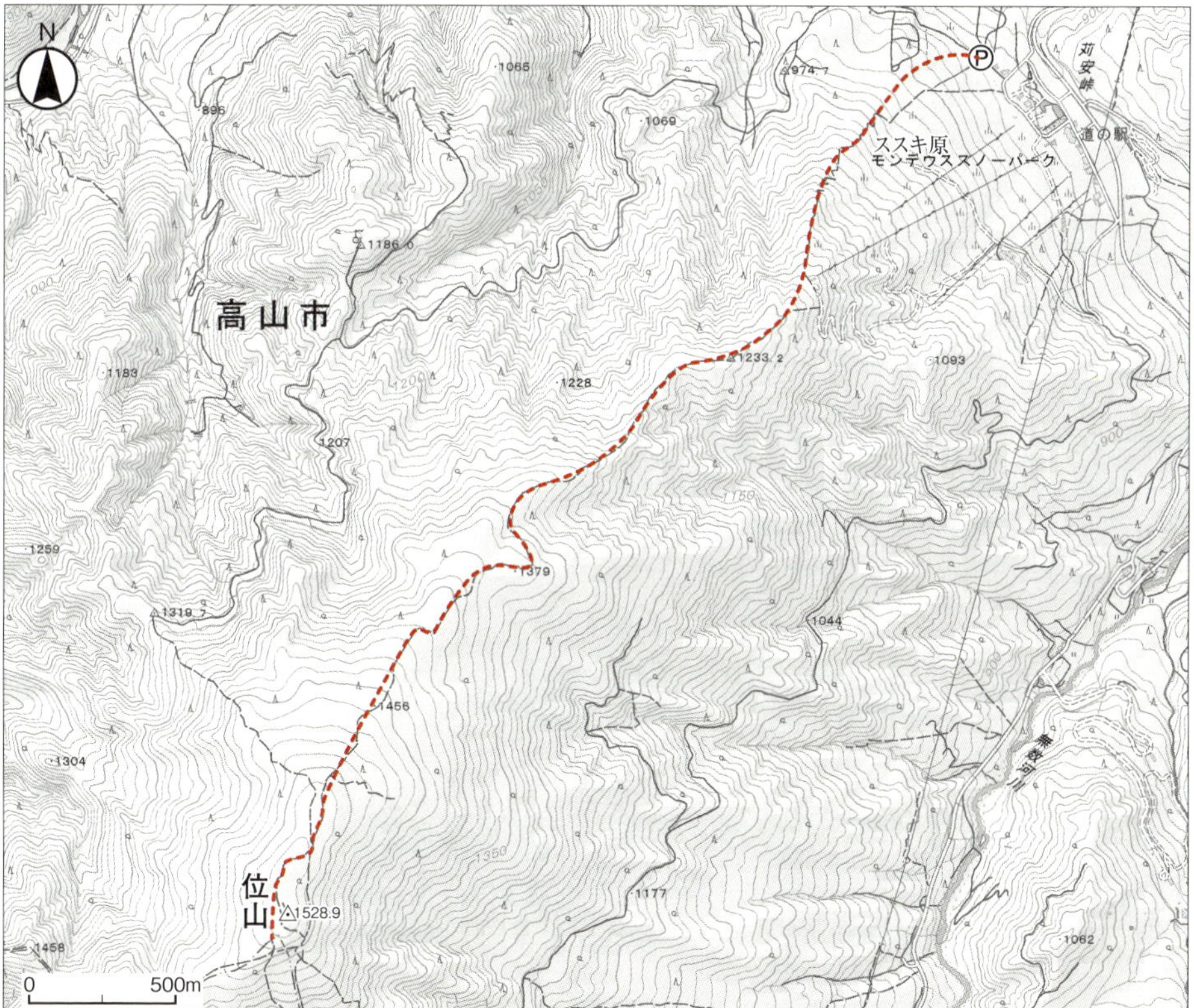

［地図］国土地理院の電子地形図 25000 を掲載

［コースタイム］
モンデウス位山スキー場駐車場……（40 分）……リフト終点……（15 分）……大奈山……（1 時間 20 分）……位山山頂……（1 時間）……リフト終点……（30 分）……駐車場
［問い合わせ先］　高山市宮村支所　TEL 0577 − 53 − 2211
踏査年月日◉ 2009・10・21

21 船《ふね》山《やま》

光と風の道を辿る。

1479・6m

難易度◉★★　健脚度◉👟👟　地形図「位山」

船山山頂

船山は川上岳、位山と並んで飛騨三霊山とされるという。東側にはアルコピアスキー場が作られている。スキー場からは山頂のアンテナ群への車道が延びている。山頂は船山花木園という観光施設が作られているが、名前ほどではなくさびれた感じもある。

東北側のアララギ湖キャンプ場から登山道が開かれているが、踏査の際には工事中なのか通行止めとなっていた。地形図では久々野町と萩原町境沿いに道の印が付いているが、既に笹が茂って廃道化している。ネット情報ではアララギ湖キャンプ場近くからの道が紹介されているが、樹林帯のトラバース道は廃道化している。ここでは分県別登山ガイド掲載の位山峠からの道を上がる。

位山峠までは車の利用となる。峠からの道は尾根の西側を回り込むように付けられている。ブナ、ミズナラ、トチ、ミズキなどの立派な広葉樹林である。森は位山演習林になっているとのことで、演習林は南の島脇谷山までつながっているのだろうか。1238mよりいったん下って登り返すと、船山が山陰となって大きく迫ってくる。随分と大きく高い山に感じられる。一つピークを越えていくとアララギ湖の県道98号線から上がってくる道、光と風の道の分岐に着く。ここが船山までとのほぼ中間点となる。1285mを越えると階段状に道が作られていて、急登となる。これを登り切って道が緩やかになると休憩舎の建つ広場に着く。休憩舎の前には休むのに丁度良い岩があり、小休止。

山頂へは平坦な頂稜を行くと船山花木園に入っていく。広い範囲に笹が刈り払われてはいるが、イヌツゲが目立つばかりで殺風景である。大木には、イチイ、モミノキの標識が付けられていた。スキー場から上がってきた林道を横切り山頂へ向かうと、NHKなどのアンテナの林立する中を行く。山頂三角点はフェン

山頂遊歩道

ス外の林道脇にひっそりとある。アララギ湖キャンプ場への下り口はやはり工事通行止めであった。

　天候も悪く展望は望めないので、この先のアルプス展望地は割愛して、花木園の西ノ平に戻る。ダケカンバの大木が一本立ち、草地なので休憩には丁度良い。

　下山は1238mピーク手前寄りで、県道98号線への道を下る。下り始めは笹が刈り払われたばかりで、笹が残されていて歩きにくい。これを急下降していく沢音が聞こえてきて、その心地よい音を聞きながら下り、これを渡って壊れそうな橋を渡り県道に出た。県道を位山峠まで戻る。

　日帰り温泉は位山峠を南に下り、しみずの湯が便利。

船山

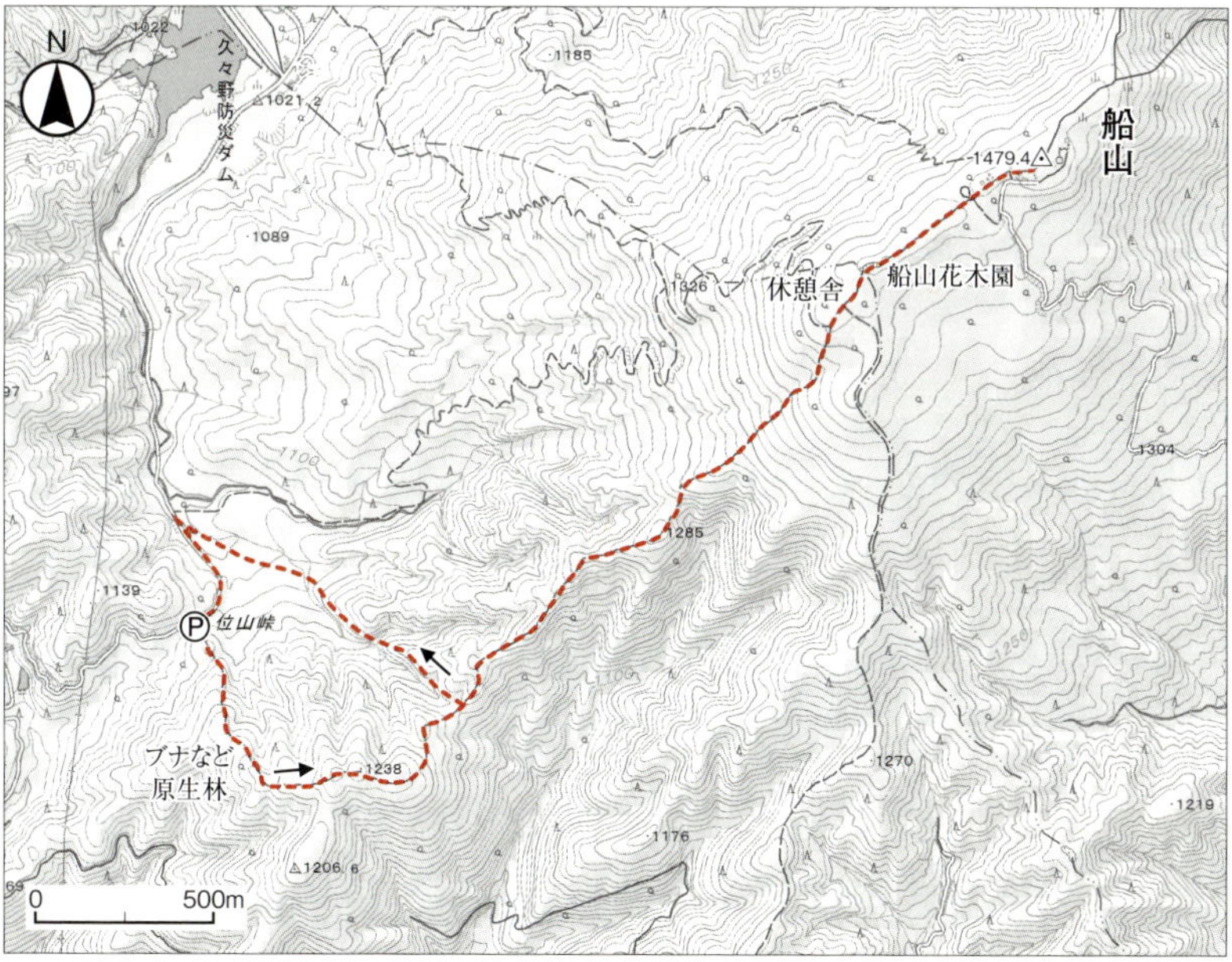

［地図］国土地理院の電子地形図25000を掲載

［コースタイム◉3時間5分］
位山峠……（50分）……光と風の道の分岐……（45分）……休憩舎……（15分）……船山山頂……（30分）……光と風の道の分岐……（45分）……位山峠

踏査年月日◉2013・9・14

手ごろなハイキングコース

22 高《たか》屹《たわ》山《やま》

1303・1m

難易度◉★★　健脚度◉　地形図◉「位山」

高屹山山頂

入山まで

高屹山は十年以上前に一度出かけた山で、「新・分県別登山ガイド岐阜県の山」に載っている。当時はまだあまり知られていない山のようだった。今回、岐阜県の踏査に是非加えたいし、写真を撮るのも兼ねて出かけた。

出かけた、というより、当初は前回谷を一本間違えて時間切れとなり取り止めた若栃山（点名）を再登する予定で下呂の宿を押さえたのだが、低気圧が日本の南岸に停滞して動きが鈍いという変な気圧配置で、予報も降水確率が下がらない中、前日に予定を変更した山である。金曜日の夜発で、宿には早く入らなければならないので、単独で出発。

アプローチ

行程は短いので、朝はゆっくり出発。

先に鎌ヶ峰の帰り道、飛騨川に架かる見覚えのある橋を通ったが、この久須母橋を渡る。右折して飛騨川河川公園を右に見て山に向かい、山沿いの道に入る。右手を見ると舟山が形良く見えているので、車を停めて写真を一枚。

左折して久々野クリーンセンター（清掃工場）を右に見て林道の地道となる。

林道はしっかりしているが右手の谷を見るとスッパリ切れ落ちている。こんな所で落ちたら大変だ。谷を渡り返して急坂をローで上っていくと、見覚えのある終点の登山口に付いた。登山口には水場とトイレが作られている。

「岐阜県の山」に載っているルートは時計回りで、登山口の案内図と同じであった。左手の林道にはカツラの大木が残されていた。カツラの木は京都洛北貴船神社のご神木で知られている。標識に拠れば株立ちしやすくゴム印の台木や楽器に使われているという。

カツラの大木

高屹山へ

林道を歩き出して直に、左下の林で大きな物音がして動物の気配。音からして熊かもしれないが、植林地のこと食べるものはないようだ。

林道終点から植林地の涸れた小沢の中を行く。滑りやすい岩のゴツゴツした道となり少しの水の流れる小沢を行くようになると、右折れ岩の標識を見る。岩は標識のすぐ下の岩のようだ。これより広葉樹林地の急登となる。小鳥の囀りを聞きながら登っていくと、支尾根となりお立ち岩の標識に着く。ルートが変わったのかゴジラの背は通らなかった。ここからは正面に舟山、その右手には位山が望まれる。船山は雨の中を登ったので印象のある山だが、こちらからの眺めは初めてである。位山は、その昔子供を連れて登って以来、定例山行を含めて三回登っている。船山の左手の山はここでは川上岳と思ったが、これは後で間違いであることがわかった。左手遠くには萩原の御前山が大きい。この辺り樹種のわかるのは、ミズナラ、ブナ、ネジキ、それに桜の仲間の木。

これより支尾根上を行く。笹があるが道が良く踏まれていて、苦にならない。山頂には思いがけず早く着いた。山頂は二つで、最初はふれあい広場となっている。東の山頂は切り開かれていて、展望が良い。栗の木だけが残されていた。西には船山など他、別山、白山なども見えると標識に描かれているが今日は雲の中で白山などは下のほうの斑な雪だけが見えていた。東には御岳、乗鞍岳、北アルプスも見えるとされていたが、こちらも雲の中であった。

ハエやブヨが多いので早々に下山にかかる。支尾根の道には、キンサンアカマツ、ギンサンカラマツの標識が付けられた木があった。他には、ウリハダカエデ、コナラ、ミズナラ、シラカバなど。尾根上の林道に出て直に右下に下り出す。しばらくは間伐の遅れた暗い植林地で少々憂鬱になる。広い谷の広葉樹林となり、ホットして走るように下っていくと水場を見てすぐに登山口の広場に出た。

堂之上遺跡

国道41号線を走っていると何時も堂之上遺跡の標識が立っていて、何時も寄りたいと思いながら時間が足らなかったり、で寄ることができずにいた。今日は時間が早いので寄ることにする。場所がわからずにかなりウロウロしたが、急坂を上がって、久々野民族資料館に到着した。車を停めて正面に行くと、植木の手入れをしている人がいて、この人が館の管理を兼ねていた。

資料館の西側の広場が縄文遺跡の発掘跡となって、円形と四角の復元住居が三棟建てられていた。地形的には両側が谷に挟まれた台地、75アールの小舌状台地で、規模こそ小さいが蓼科の近くにある尖石遺跡と似たような地形にあ

林道終点登山口

堂之上遺跡

る。住居跡は、何代かに渡って、旧住居の廃棄された跡などに重なり合って残っていて、これは原村近くの縄文遺跡と同じである。この堂之上遺跡は6000年前の縄文前期と4000年前の縄文中期のものという。何故、縄文後期の遺跡が残っていなかったか、は資料館には書かれていなかった。住居跡の炉の四隅には立石という石が立てられていて、その内の一つはひときわ高く建てられ彫刻が施されている。これは何らかの祭祀のものと考えられ、北陸地方とつながりがあることを示しているという。また、住居跡の隅には埋め甕が埋められていて、これは長野県の遺跡と共通点があるという。ということで、堂之上遺跡は長野県とも北陸地方とも交流があったということができる。

展示品で不思議だったのは、石斧の形の石器はあったがすぐ近くの下呂遺跡から出る黒曜石が一つもなかったことだ。時代的なズレからなのか、他の原因なのかはわからない。また、古い住居の炉の跡には石が投げ込まれていて、何らかの原因で住居が廃棄されたことを示しているという。食料としては、獣骨、ガヤと小粒な栗が展示されていた。

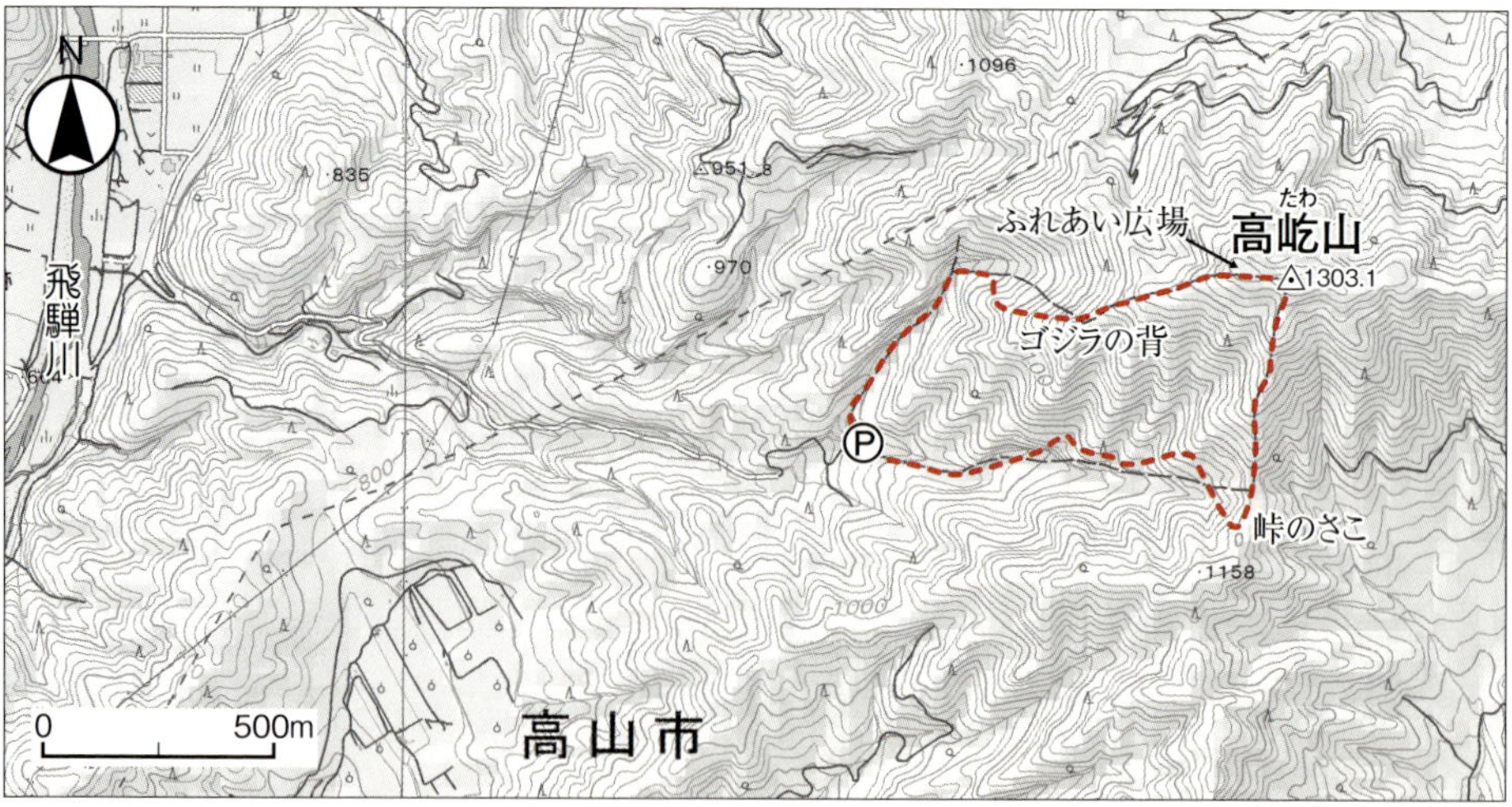

［地図］国土地理院の電子地形図 25000 を掲載

［コースタイム◉ 1 時間 45 分］

登山口 ……（45 分）…… お立ち岩 ……（30 分）…… 山頂 …… 峠のさこ ……（30 分）…… 登山口

踏査年月日◉ 2009・5・30

23 六《ろく》郎《ろう》洞《ぼら》山《やま》

（残雪期の山）クラシックな残雪ルートを林道歩きに変えて

1479・4m

難易度◉⛄ 健脚度◉👟👟 地形図◉「久々野」

六郎洞山標識

六郎洞山は岐阜百山に掲載されている山で、鈴蘭高原スキー場から村界に近いルートから登られている。今回は、林道が西に延びて尾根を越えて阿多粕谷に下っているので、この林道を辿っていったん小沢まで下り、六郎洞山の山頂付近から南に下っている支尾根を登った。

鈴蘭高原には二百万年前に噴出した粘り気の少ない玄武岩質の溶岩が広がっているという。その一部は大平山の南側まで広がる。

飛騨小坂の快適な仮眠地を早朝出発。車で鈴蘭高原に上がると、高原の別荘地は如何にも寂れた感じで、寒々しいのは冬の曇り空だけのせいではないようだ。スキー場にはジャンプ台もあるが積雪はまったくと言っていいほどなく、とてもジャンプなどできる様子もない（スキー場は廃止になっていた）。スキー場跡から北に回り込んだ林道の脇に車を止めて出発。

しばらくは林道の道なりに登り、朝日町と久々野町とを分ける峠に上がる。林道は阿多粕～西洞Ⅱ林道。

峠からは朝の冷え込みで林道に薄ら積もった雪が氷化して滑りやすい。傾斜はそれ程ではないが参加者お互いが注意し合いながらあわてずに下っていく。下りきったところは小沢になっていて、いったん、小沢に下る。沢から左手の支尾根に這い上がり、後は忠実に支尾根を外さないように登っていく。笹は深く、植林や落葉松林で、笹を漕ぎ、適当に赤布を付けながら登って行く。

残雪が出てきて傾斜が緩やかになり、東に辿ると山頂の標識が木に付けられてあった。残雪の上には村界ルートからの足跡が残されている他、何もない山頂であった。

林道からの登山口にて

六郎洞山山頂

林道にて作戦会議

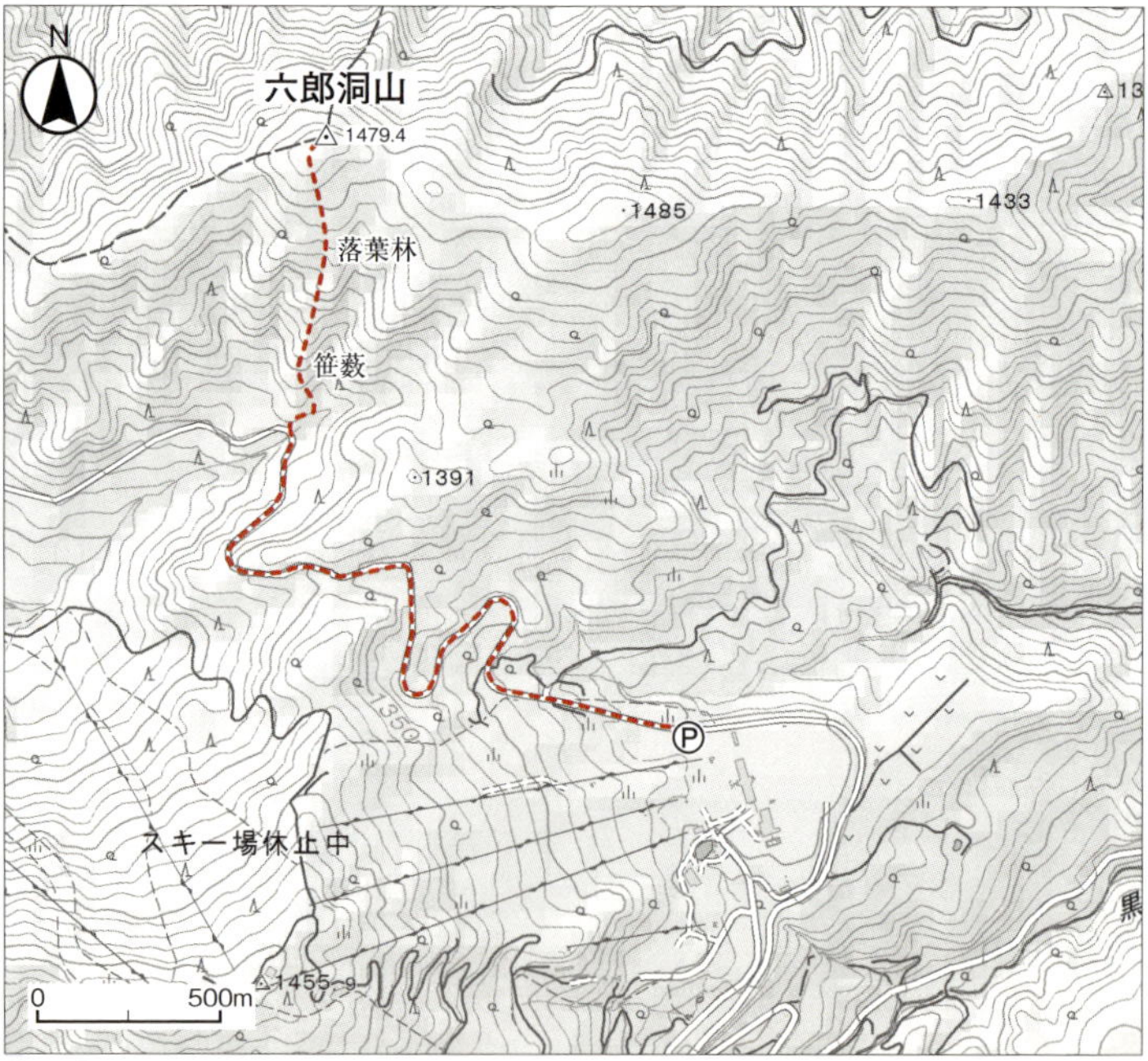

［地図］国土地理院の電子地形図 25000 を掲載

［コースタイム◉ 2 時間 40 分］
車止め ……（30 分）…… 小沢 ……（1 時間）…… 六郎洞山 ……（40 分）…… 小沢 ……（30 分）…… 車止め
（残雪の為、車止めの位置に因って所要時間は異なる。）

踏査年月日◉ 2010・3・28

24 大《おお》沢《ぞ》上《れ》山《やま》

ハナノキの里から藪山に登る

1366・9m

難易度◉★★★★　健脚度◉　地形図◉「飛騨小坂」

大沢上山は飛騨小坂の町中にあるピラミダルな山である。麓はハナノキの並木が整備された所で、道の駅もハナノキの駅である。

大沢上山山頂

国道四十一号線から飛騨小坂の町で御岳山濁河温泉などに行く道に入り、道の駅ハナノキを過ぎた辺りが登山口となる。北側のビニルハウスの角の細い道を北に入る。車は道路際に駐車スペースがある。

続岐阜百山にあるもう一つの登山口はこの先の深作バス停より林道に入り、T字路を左折し、林道終点まで入る。車はT字路付近に停める。林道終点より踏み跡をトラバースして今回紹介する支尾根に至る。

先のビニルハウスより細い道を北に入り、民家の間を抜け墓地を見て階段を上ると山裾を走る林道に出る。これを東に行くと山際の擁壁の途中に階段が作られているので、これを上がると山道となる。これを左山で進んでいくと岩のゴロゴロした涸れ沢に突き当たる。涸れ沢より左折し、今度は右山で進んでいく丁度地形図に赤沼田とある上の辺りにある支尾根にでる。ここは支尾根の末端の崩壊地のようで、土留めのワイヤーなどが張り巡らされている。

ルートはここより支尾根を忠実に登っていく。支尾根は比較的広く、広葉樹、針葉樹と樹相は様々である。右手から先の深作バス停から林道を登る踏み跡を合わせ、植林地をしばらく登って行く。支尾根上の小さな岩場を越えると踏み跡などはなくなり、笹25が、手に負えないという程でもない。ただ支尾根の広いところもあるので赤布を付けることは欠かせない。登るに従い北側の山に林道が上ってきているのが見られる。この笹藪漕ぎを小一時間ほどこなしていくと、頂稜らしきところに出る。地形図に見る小ピークである。ここより南に下る踏み跡は比較的明瞭である。小ピークより、笹を掻き分けていくと大沢上山の標識と三角点標石のある山頂に着く。

生憎春先のどんよりした天気で展望は得られなかった。

下山は往路の支尾根を、赤布を回収しながら下る。麓の集落まで下ってくると紅色のハナノキが丁度満開で、その中を鯉のぼりが泳いでいた。

麓で出会った人の話では、大沢上山には南の落合の方が登っている、とのことで頂稜で見た踏み跡はこのルートのものと思われる。

ハナノキと鯉のぼり

満開のハナノキ

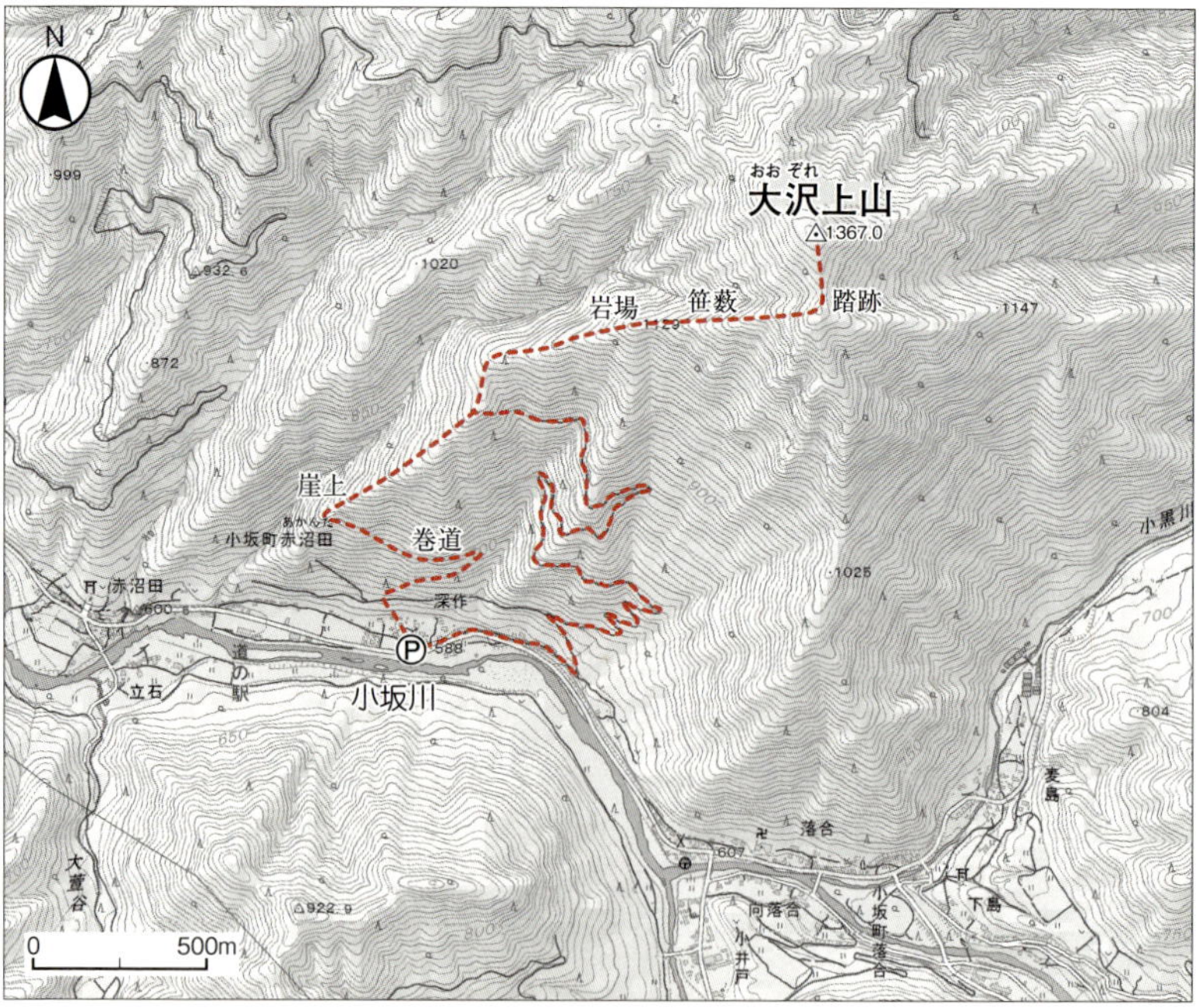

［地図］国土地理院の電子地形図 25000 を掲載

［コースタイム◉ 5 時間］
道の駅ハナノキ……（40 分）……支尾根……（2 時間）……大沢上山……（2 時間 20 分）……道の駅ハナノキ

踏査年月日◉ 2008・4・27

25 大《おお》平《ひら》山《やま》

藪山に熊の痕跡を見る

1529・2m

難易度◉★★★★　健脚度◉　地形図◉「湯屋」

大平山は、同名の山が御嶽山へ向かう林道の牧場跡にもあり、こちらは大平山《おおだいら》という。この大平山は西俣山や若栃山に向かう林道の途中より東に入る林道を登ったところにある小ピークである。

若栃川の林道から分かれて東の林道に入る。大平山には林道を登り切ったところの頂点より北に入る。地形図と磁石の方向を合わせるが、入り口は下りで少々わかりにくい。赤布の目印を頼りに薮に入り、はじめは下り気味に尾根を行く。しばらく薮を分けて下っていくと尾根らしくなり、獣道らしき踏み跡にでる。大平山へはこの踏み跡を辿っていく。尾根上を外さないように薮を漕いで行くが、やけにハエが多い。汗についてくるのか中々離れない。と、踏み跡に大きな糞がいくつも見るようになった。どんぶり鉢ほどもあるので、鹿や猪ではなく熊ではないか、ということになった。兎も角、大平山に到着し、山頂は狭く蒸し暑いので少し戻って小休止。ここでもハエが多くて閉口する。

林道に戻ることとして尾根筋を戻ると、今度はミズナラの枝が落ちているのを見つけた。葉もまだ少し枯れていただけで、枝の折れ口も風で折れたものではないようだ。これは熊がミズナラの枝をへし折り、ドングリを食べてからまだ、時間がたっていないことを示しているのだろう。

林道に戻り、下山した。

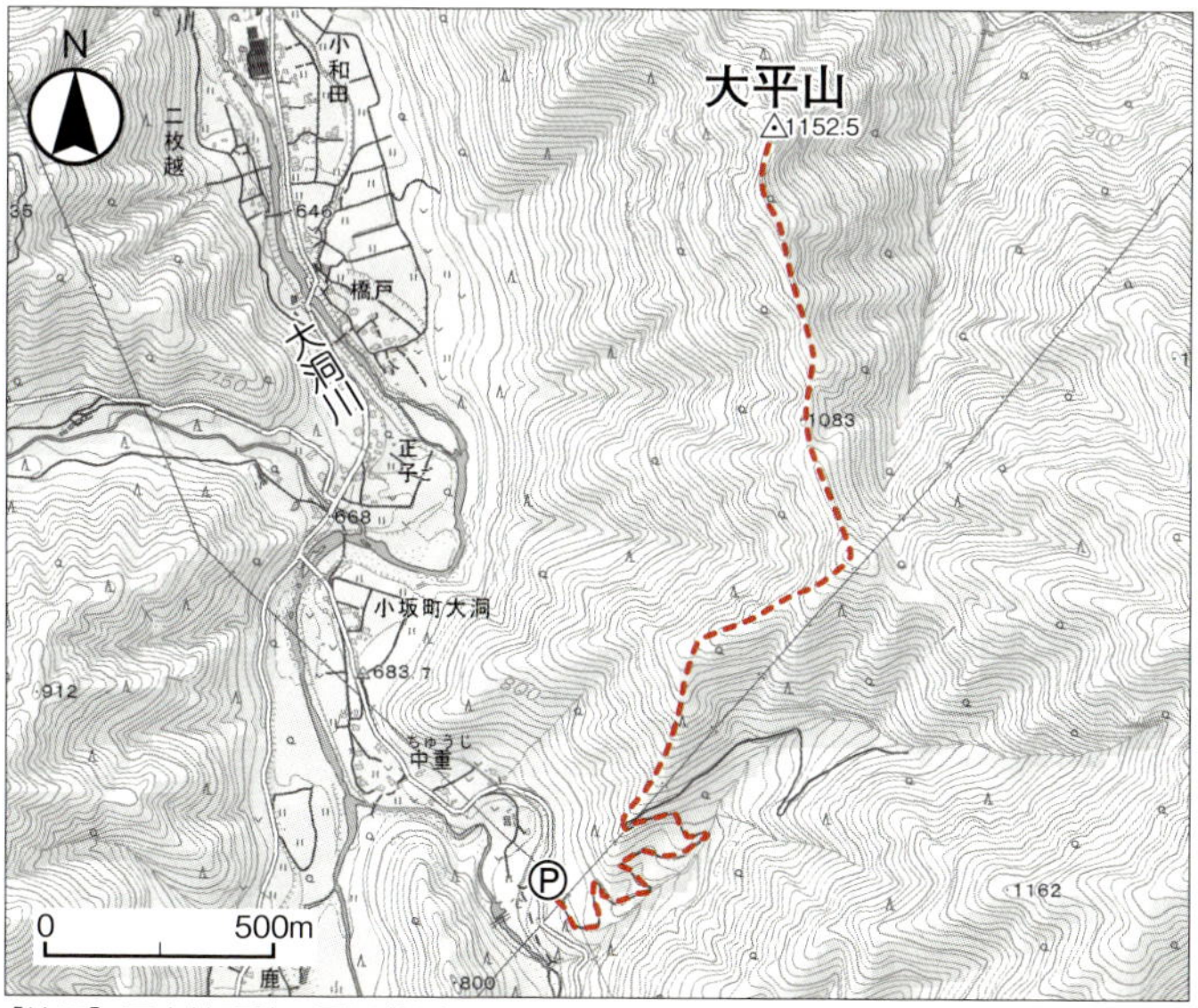

[地図] 国土地理院の電子地形図 25000 を掲載

[コースタイム◉ 4 時間]

唐谷林道入り口 ……（1 時間）…… 林道上部藪入口 ……（1 時間）…… 大平山 ……（1 時間）…… 林道上部藪入口 ……（1 時間）…… 唐谷林道入り口

踏査年月日◉ 2009・11・7

林道からの山並

26 西《にし》保《また》山《やま》

1593・7m

飛騨小坂町の最奥部の山に薮を漕ぐ

難易度◉★★★★ 健脚度◉ 地形図◉「湯屋」

アプローチは若栃谷沿いの林道を終点ゲートまで入る。ゲートより更に林道を歩き、西保林道に入る。初回の入山は、暑さ――この日はこの年初めての夏日であった――のせいか、林道が曲がりくねっていて長いせいか、予定していたよりも随分時間がかかってしまった。林道から山頂までの藪漕ぎは一時間位を予定していたが、これも倍以上かかり、あと30分ほどを残して撤退した。尾根の笹薮漕ぎのところは古いビニル紐と、ビニルテープの二種類が残されていて、少なくとも先達パーティは二つ以上あることになるが、大平山のような熊の獣道はなく、まったくの笹薮である。ただ、笹ばかりなのでヒルやかぶれの心配はない。

西保山へは、県境若栃山に登るために何度も入った長い林道を通って終点のゲートまで入る。林道は岩屑が崩れ落ちている所もある。不用意に岩に乗るとパンクする場合もあるので、何回か車を降りて石を除けて支障がないか確認した。

前回に続いて西保林道をひたすら歩く。途中何本かの小さな沢を渡っていく。樽ヶ洞の標識も見られる。西保林道も山腹を削って作られた林道のようで、晴れていても石が落ちてくる所もある。危険だから、若栃谷の林道も含めて雨の時や、雨後日にちの経っていないときには入らない方が良いだろう。

林道を登り切って、尾根の乗越の左手が崖になっている所が取り付きとなる。崖の上にはいくつかの赤布などの残置がありしばらく迷った末、左手のものに取り付く。崖の土を雪上歩きのキックステッ

西保林道分岐点

プのように蹴って笹などに手が届くまで上がり、木の枝を掴んでよじ登る。上がったところは笹の斜面で笹薮を漕ぎながら足元の安定したところまで登る。後は尾根上の笹薮漕ぎである。赤布などの目印が残されていて、踏み跡程度の道も所々残されているので、薮を漕ぎながらも尾根筋を外さないように行く。

山頂近くになり、やけにハエが多い。こんな山に人が沢山来るはずもないし、――つまりこれは熊の糞が残されている為だろう、ということで即撤退を開始した。もっとも、既に陽は高く上がっているので、熊の行動する時間は過ぎているので、あまり心配をする必要はないだろう。

尾根の帰りには、尾根から北に派生している支尾根上が踏み跡のように見えるところがあり、踏み込まないように注意である。

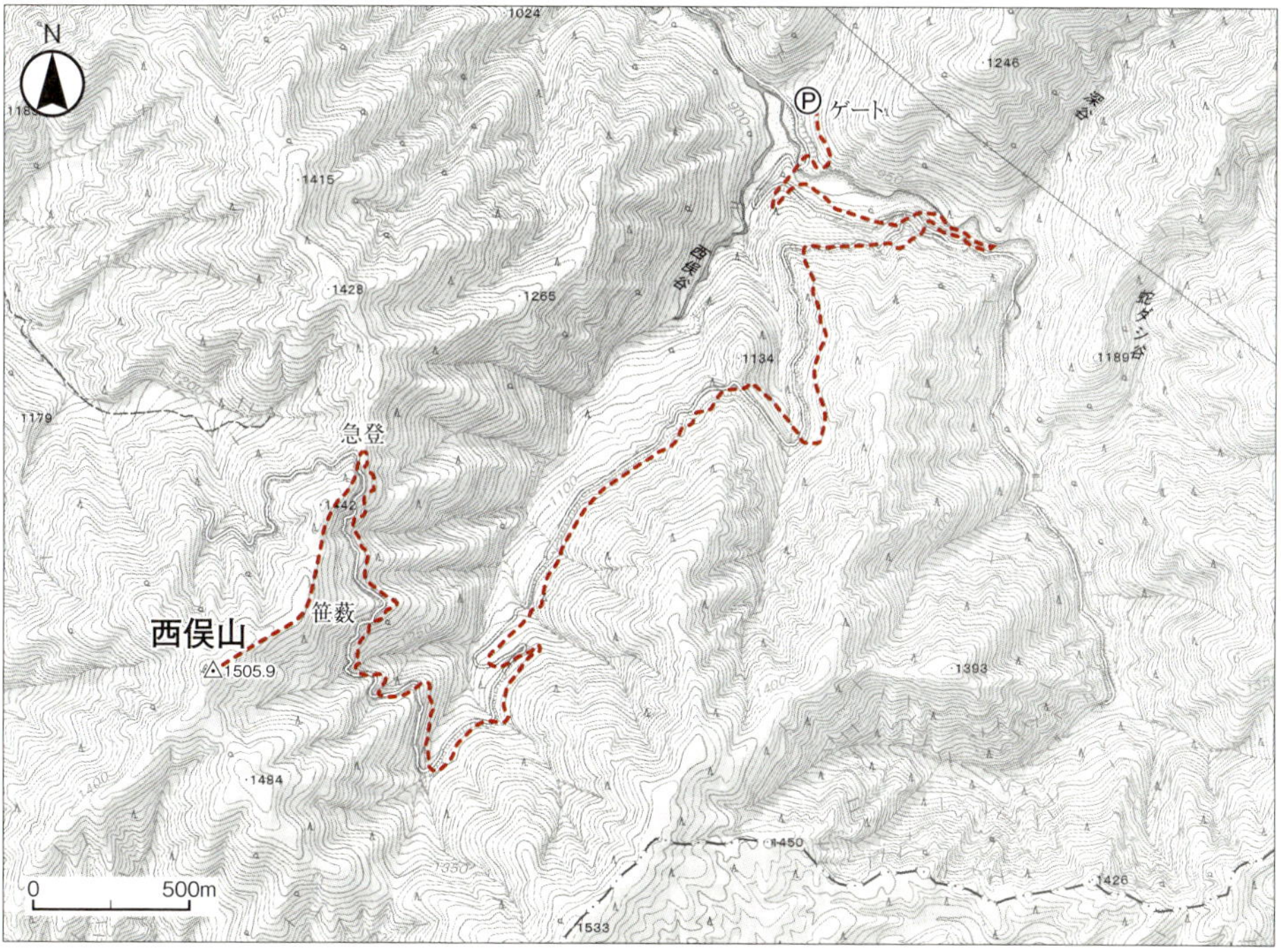

［地図］国土地理院の電子地形図 25000 を掲載

［コースタイム◉ 7 時間 35 分］

林道ゲート ……（25 分）…… 西俣林道分岐 ……（35 分）…… 樽ヶ洞 ……（2 時間）…… 尾根最高点 ……（1 時間 40 分）…… 西俣山山頂 ……（1 時間）…… 尾根上最高点 ……（1 時間 40 分）…… 西俣林道分岐 ……（15 分）…… 林道ゲート

踏査年月日◉ 2002・5・5

27 若《わか》栃《とち》山《やま》 1593m

林道歩きから御嶽山・乗鞍岳の展望台へ

難易度◉★★★　健脚度◉　地形図◉「湯屋」

若栃山山頂標識

若栃山は植林の作業道などで登られているようで「山旅徹底ガイド」にも紹介されている。二〇〇五年秋には唐谷林道の終点まで行き、その先の藪から支尾根に上がり、これを詰めて登頂した。このルートは支尾根の末端を巻いて作業用の切り拓きを踏み分けて登る。やがて笹薮帯と雑木の藪が交互に現れて、これを登っていくと北の支尾根に上がり、踏み跡を辿って登頂した。下山時に支尾根を下り過ぎないように注意した。現在では作業用の切り拓きもすっかり雑木が繁っていることだろう。

今回は「山旅徹底ガイド」のルートより一本南東よりの支尾根に上がるルートを取った。登山路の唐谷林道への道へ北側から覆いかぶさるようにそそり立つ岩壁は御嶽山から流れ出た溶岩の末端が作り出していると言われ、巌立峡と言われる景勝地となっている。

巌立峡の狭い林道は、既に紅葉も終わりで紅葉狩りの観光客もまばらであった。散策の人に道を譲ってもらって唐谷林道のゲートに到着。ゲートは閉まっているとは云え作業の車が来るといけないので、できるだけ林道脇に寄せて車を停める。

ゲートより唐谷林道に入るとすぐに小坂営林署椹谷造林作業所の小屋があるが、鍵が掛っている。これを過ぎ、途中右に一本林道を分けてひたすら歩くこと一時間余りで、右手山側に反射板への標識を見る。この反射板へのルートからも登れるようだ。更に林道を行くと大岩の下の登山口到着。大岩には昭和五十五年度唐谷林道施工者山田組のプレートが埋め込まれている。

大岩の前の赤テープの巻か

営林署作業小屋

れた小さなポールより山道に入る。道は右山で登って行く。大岩がゴロゴロしている所もあり、道の明瞭でないところもある。今は枯葉も落ちていて見通しも利くが、薮の繁った時期はルートファインディングが難しいかもしれない。ゴーロで小谷を渡り道は植林地へと上がっていく。辛抱の急登を登っていき、支尾根上にでる。木々もまばらになって気持ちが良いところだ。

右手からの支尾根の道を合わせて登っていくと笹薮帯へと変わる。笹薮も以前ほどではなくなっていたが、枝を踏みつけて行ったほどの石楠花は少なくなっていた。山頂にあった山頂標識はそのままに残っていた。

見晴らしの良い居場所まで戻って昼憩とした。下山の際、雪を被った乗鞍岳が遠望されたが、それもつかの間、道は谷筋へと急下降して、林道に戻った。

若栃山登山道より乗鞍岳

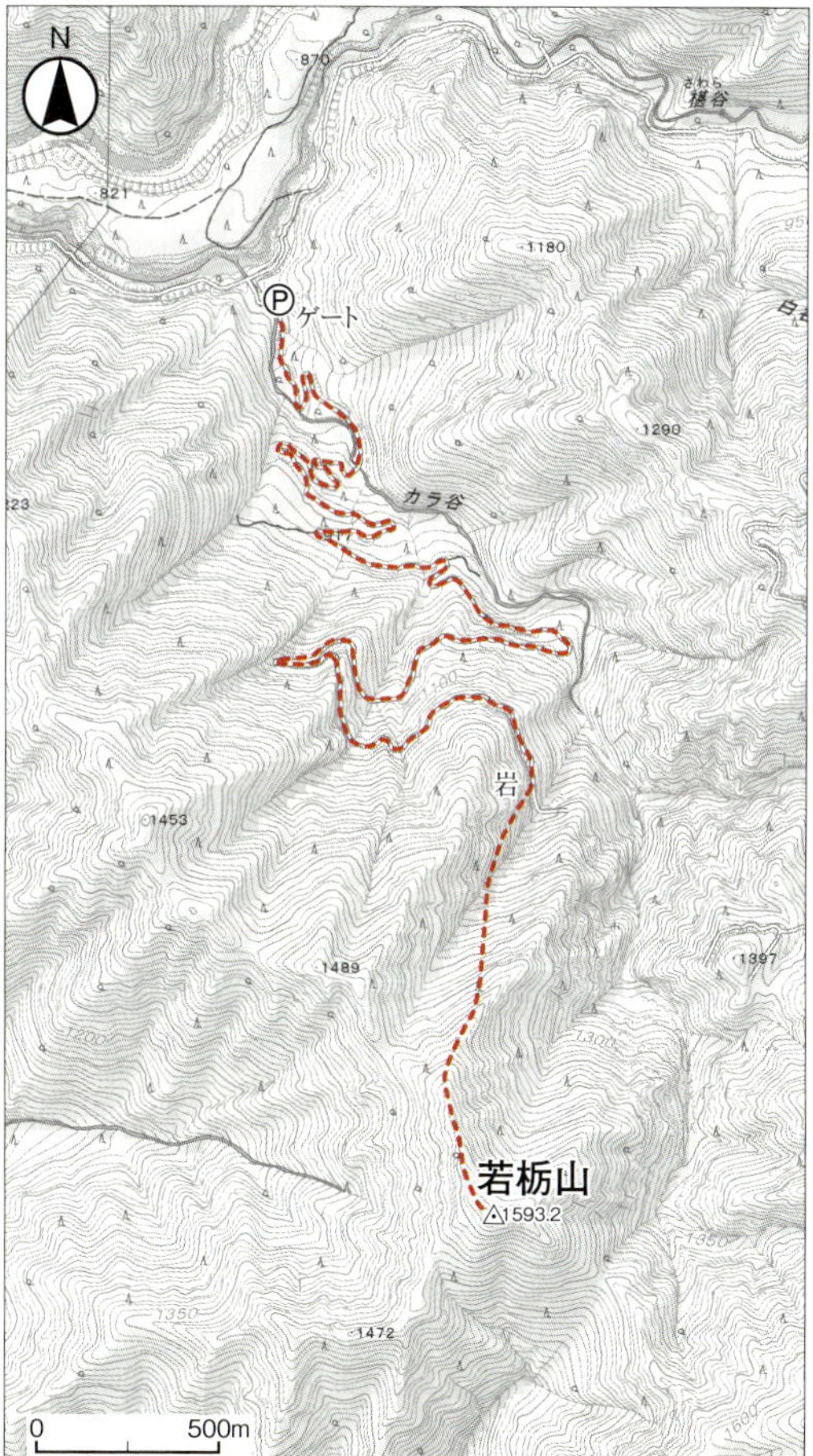

［地図］国土地理院の電子地形図 25000 を掲載

［コースタイム◉ 5 時間 5 分］
ゲート……（1 時間 15 分）……反射板入口……（20 分）……登山口……（1 時間 10 分）……若栃山……（1 時間）……登山口……（1 時間 20 分）……ゲート

踏査年月日◉ 2012・11・25

28 県境　若《わか》栃《とち》山《やま》

長野県境、三浦貯水池を望む

1546・2m

難易度◉★★★★　健脚度◉👟👟👟　地形図◉「湯屋」

蛇ダシ谷への下降点

若栃山について

飛騨に若栃山という名前の山は二つあって、一つは「山旅徹底ガイド」に紹介されている。こちらは2005年11月に初めて登頂している。今回、もう一つの若栃山に登頂することができた。この山は△点名が若栃山で、区別するために県境若栃山と言ったり、若栃山三角点などと言ったりしている。

2008年秋に初挑戦してから、合わせて三回失敗し今回、四回目で初めて登頂できた。岐阜の残雪の山や藪山に登り始めて失敗したことはほとんどなかったことで、ほとんどが一回で登頂してきており、この点でも珍しい山である。残雪で一回目に失敗した例は、奥美濃の黒壁であった。これは林道の雪解けの時期を間違ったことと、支尾根の取り付きを間違ったこと、人数が多くて時間を要したことなどが原因であった。その他にはそんなに失敗はなかった、と記憶している。

偵察したこともまずない。残雪で偵察したのは奥美濃の笹ヶ峰であった。これは川を渡るルートを取るため、渡渉できなければほとんど無理であったし、残雪の冷たい水を渡るなどということは最初から検討外であった。この山は前年の秋に偵察に出かけ、橋が架かっているのを確認しておいて翌春、少人数のパーティで登頂を果たしている。

要するに登った、という情報があれば、僅かな記事でも手がかりをよく読み、二万五千分の一図を良く読み、良く検討してルートを決め、後は実行あるのみであった。残雪の山の成否は、多くはルート選択と天候によるところが大きい。

今回の入山

若栃山に限らず飛騨の小坂町や萩原辺りはともかく遠くて、これも今までの失敗の原因となっている。距離的に我家からは登頂にはギリギリの時間であり、これも今まで失敗の要因ともなっている。

今回は大平山とセットで、下呂に泊まり前泊として出発した。大平山は山自体も小さいのでなんとか登頂できた。これは別の項による。

飛騨小坂町湯屋より更に南下し、中重口バス停の所で大洞川に架かる新深瀬橋を渡る。川は若栃谷となり、この谷沿い右岸の長くて狭い林道に車を走らせる。林道は幅が

若栃谷林道ゲート

狭く、車が落ちたりしたら大変である。ここは四回目になってもう迷うことはない。右下に養鱒場かなにかの建物を見送り、終点のゲートに着く。車を方向転回して停め、ゲートを抜けて歩き始める。林道はすぐに橋を渡りいったん西俣谷側に入って広い広場、木材の集積場に使われていた所に出る。若栃谷左岸の林道をひたすら登っていく。途中、昭和50年代の石積みの表示杭があり、林道が作られた年代を知る。西俣林道を右に分けていくと送電線巡視路の標識が一つある。これを見送り更に行くと造林小屋がある。以前は鍵がかかっていたが今回は掛けられていなかった。これよりしばらく行くと送電線巡視路No.30、No.31の下降点である。ここには前回残しておいた赤布が木の枝に残っていた。

蛇ダシ谷から県界稜線

　下降点から急な坂を下り浅い沢を渡ると赤ペンキなどに導かれ、広い沢から暗い蛇ダシ谷に入っていく。蛇ダシ谷では左岸に渡りハシゴを上って植林地に入る。少し登ると通行止めがある。これはこの先の木橋が腐っているためである。手前を山側にジグザグに登り、トラバースとなる、巡視路は石屑などで崩れていて足を蹴り込んでいくが、岩屑でほとんど埋まった所に出る。前回、前々回は急な斜面を強引に下ったが、今回はザイルを担いできているので、これを大きな木に固定して、これに掴まって下った。

　谷に下り、右岸に渡って朽ちた木を越えて堰堤を越える。巡視路は右岸沿いの細い道で、谷から高く上がったところはしっかり注意しなければならない。やがて谷筋に戻り、右に左に渡り返しながら登っていく。急な谷ではなくて滝などはないが、この谷の黒っぽい岩は濡れていなくても滑りやすく、気を抜けない。

　上空に送電線を見ていくと、左岸に破れた赤いビニルの付けられた所があり、ここより支尾根の巡視路に取り付く。巡視路は何本もハシゴが続くまったく急な道。これを登りきるとNo.30鉄塔に着く。No.30鉄塔からは傾斜も少しは緩んでトラバース気味に樹林を行く。道が開けたところに出るとNo.29鉄塔である。

　ここから県界稜線に立つ次の鉄塔は、送電線が大きな弧を描いていて随分遠く、高く感じられた。道は支尾根上に向かっていき、樹林帯を行く。なんとなく見覚えのある見通しの良い所は最初に来た所だが、前回付けた赤布は既になくなっていた。道が支尾根上から左山でのトラバースに入っていくと、最初の難関、ルンゼ状の急な崩壊斜面に出た。初回来た時には土の崩れ落ちたままの状態を足でキックステップ宜しく、土を蹴飛ばしてステップを作った。その時のステップはまだ残っていた。これを通っていくと今度は第二の難関の倒木帯である。倒木といっても二抱えもあるような大きな木で、恐らく伐採したまま放置してあるのだろう。その大木が何本も積み重なっているので、乗り越えるのも潜るのも大変である。この時も前回同様乗り越えようとしたが、やはり前回と同じく乗った枝が折れてしまい、大木の間に落ち込んでしまった。やっと倒木帯を越えトラバース気味に行くと県稜線に立つNo.28鉄塔に着いた。

　振り返るとうっすらと白い白山が望まれた。反対側の長野県側には三浦貯水池が見下ろされた。

県境・若栃山まで

　若栃山まではもしや踏み跡でもあるのでは、と期待したがやはり何もなかった。この若栃山の巡視路は大垣山岳協会が岐阜県の県境縦走を行った際、そのサポート隊のために発見（?）された道である。（サポート隊は実際には蛇ダシ谷より奥の日面谷より県界稜線に立っている。「未踏の岐阜県境、800㎞を歩く」岐阜新聞社、参照。）

　鉄塔より少し登って笹薮突入となった。笹は前年の荘川御前山と同じくらいの太さで、背は低いが密度はずっと濃い。また、夏を過ぎているせいかずっと埃っぽい。これをパートナーと前後しながら漕いでいった。鉄塔からの距離はおよそ300m。少し登った所で御嶽山が大きく鮮明に見えた。思ったよりも天気が良い。

　ひたすら笹薮を漕いで、針葉樹がでてきてしばらくして山頂の台地に立つことができた。御嶽山は写真を撮ってなかった、というが致し方ない。折角なので、山頂でガスを出してお茶にした。

　山頂からは近道でほぼ真西に支尾根を下ることにした。すぐに開けたところに出て見通しが良い。ところが伐採後の特有で茨は多いしタラノ芽もある。不用意に木を掴もうとするとタラノ芽だったり、茨に絡まれたりで、なかなか思うように下れない。春先であればタラノ芽を取りながら行くのだが、今はただの刺のある枯れ木に過ぎない。少し北により過ぎたと思い、強引に左にトラバースすると登って来た巡視路にあっけなく出ることができた。

西俣山

　一安心で地図と地形とを見比べてみると、西俣山から北東に伸びる尾根が登れそうで、これは来年の残雪期の課題として打ってつけのようだ。山容も大きい。西俣山は地形図に立派に山名が載っ

西俣林道道林小屋

ているが、「岐阜百山」にも「続百山」にも取り上げられていない。ネットで見ても見当違いの西俣山はでてきても飛騨の西俣山はでてこない。林道が近くまで上がっているのでまったく未踏峰ということはないが、しかしほとんど登られていないことには間違いないようで、これは登らない手はない。おそらく林道歩きが長いだけなので手がつけられていないのだろうが、これは残雪期の山としては面白そうである。

帰ってからもう一度地形図を見ると新深瀬橋の先に送電線が延びている。送電線があれば巡視路があり、麓付近の藪漕ぎが軽減されるのと、若栃谷には橋があることになるので、このルートを取ろうと結論した。難点は行程が延びるので前泊、早立ちとなることくらい。標高差はそれほどでもないし、北面なので残雪は期待できそうだ。（後日、この西俣山は五月に残雪の山を目指したが、既に雪は全くなく、蒸し暑い藪漕ぎの末、登頂した。別項参照。）

［地図］国土地理院の電子地形図 25000 を掲載

［コースタイム◉ 5 時間 30 分］

ゲート……（30 分）……No.30、No.31 下降点……（50 分）……巡視路支尾根取付……（1 時間 10 分）……県界稜線……（40 分）……県境・若栃山……（1 時間）……蛇ダシ谷巡視路支尾根取付……（1 時間 20 分）……ゲート

踏査年月日◉ 2009・11・8

29 傘《かさ》山《やま》

狙い通りのルート取り

1331・4m

難易度◉★★★　健脚度◉　地形図◉「六厩」

傘山山頂標識

　2007年7月には初め、火山に国道158号線のケベックの森という別荘地から入ろうとしたが、別荘の売り出しシーズンで、入り口で随分と嫌な思いをした、曰く付の山行でもあった。現在は別荘地のゲートが閉まっていて、火山へは北面からは入山できない。

　その際には火山、傘山の南ルートに転進したのであったが、今回はその時に見ていた松之木峠の踏み跡を経て登ろうというものである。峠にはドコモのアンテナ基地があり、その横に清見村と荘川村の境界沿いに道が付いていた。

松ノ木峠から傘山

　高山方向から荘川方向に国道を走らせているときにアンテナ基地の建っているのが松ノ木峠で、アンテナ基地の横には駐車スペースがある。この踏査の時には東海北陸道の緊急車両の通行する道路脇スペースに、丁度通りかかった工事関係者に了解を得て車を止めた。（現在は工事終了。緊急車両入口のため駐車不可。）

　アンテナ基地の右手にはまずまずの道があり、多少の藪を手で払いながら今日はルンルンで登ることができると、期待しながら登っていったが、三角点の北平に着いたところで道を見失った。三角点手前左手には踏み跡があったが、これは鋭角に戻るように付いていたので、最初から検討外。西に向かって微かな踏み跡があったが、これは明らかに方向が違う。はじめ地図を合わせてみたときの方向には猛烈な笹藪があって、これでは戦意が喪失してしまう。改めて地図と磁石を合わせて検討したところ、最初に見た三角点手前左手にある踏み跡ではないか、ということになってこの道に入った。

　踏み跡はやはり藪が酷いものの踏み跡はあるし、林業の境界を示す標識や赤ペンキも現れ、これでいこうということとなった。

　村界尾根は南東方向に進んでいき、下草は膝下位の笹の

早春の松ノ木峠

樹林帯を比較的広い尾根筋を外さないように進んでいく。

尾根筋はそれほど伐採されていないのか針葉樹の大木も残されている。左手からの送電線巡視路に入ると道も良くなる。尾根の西側はブナ林で、ナツツバキの大木も何本かある。白い花が一杯落ちていた。

傘山の三角点は道から少し東に外れているので、見過ごさないように注意。

帰路は分岐までもどり、巡視路を下る。植林地の巡視路を下っていくと送電線鉄塔に出る。鉄塔下の広場から下り危なっかしい橋を渡ると林道に出る。鉄塔工事用の林道のようでこれを下っていくと右手から林道を合わせる。東海北陸道の車の音が聞こえるようになるとまだ緑色の浅い落葉松林を進んでいき、国道に出る。国道を松ノ木峠まで戻る。

大きな木の洞穴

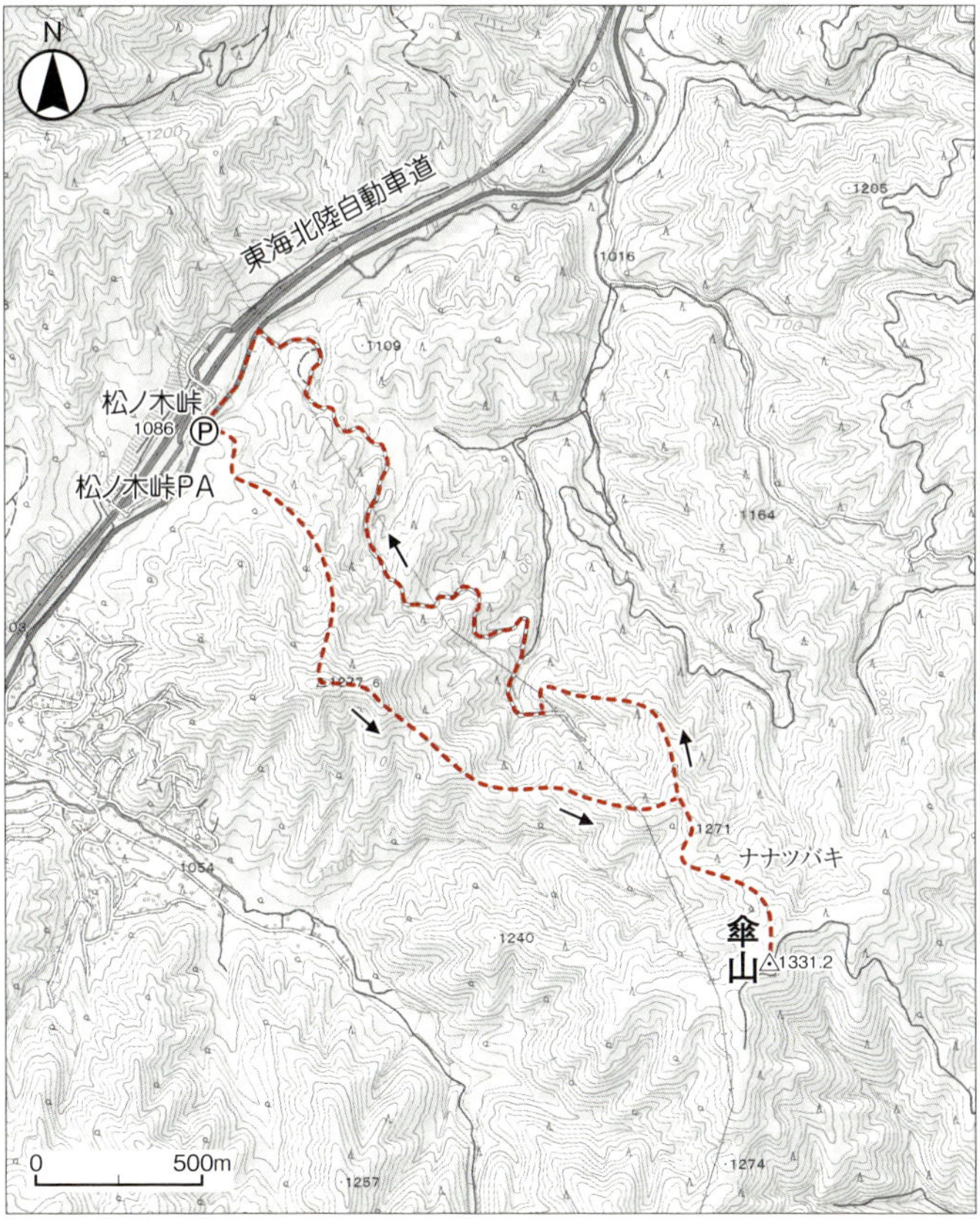

［地図］国土地理院の電子地形図 25000 を掲載

［コースタイム◉ 3 時間 25 分］

松ノ木峠 ……（2 時間）…… 巡視路分岐 ……（20 分）…… 傘山 ……（15 分）…… 巡視路分岐 ……（30 分）…… 林道 ……（20 分）…… 松ノ木峠

踏査年月日◉ 2009・7・20

30 芦《あし》倉《くら》山《やま》 １７１６ｍ～大《だい》日《にち》ヶ《が》岳《たけ》 １７０８ｍ

激藪、転じて貴重な経験

難易度◉
健脚度◉
地形図◉「石徹白」「二ノ峰」「新淵」「大鷲」

この前年、同時期に銚子ヶ峰～願教寺山の縦走を行った。その同じメンバー四名で、今回は逆方面の芦倉山から大日ヶ岳を通り水後山、檜峠まで縦走の計画を立てた。計画に当たり、スタート地点を銚子ヶ峰からにしようかとも考えたが同行者の体力を考慮しなるべく短い行程の芦倉山から南下することとした。しかし、これが後でとんでもない羽目になった。

ネットで色々と調べてもあまり情報が無い。わかったのは芦倉山から天狗山の間はすごい藪で積雪期か残雪期にしか縦走できない、ということだ。数少ない記録もほとんどが山スキーでの記録で、縦走の我々では行けるだろか、と心配しながらも計画を立てる。晴天が続き雪が少なくなってきている。山行の１週間前の大日ヶ岳の記録によると１４００ｍより上に行かないと雪が無いようだ。

藪が心配であるが、この機会を逃すとまた一年間行けないので、実施の決断をした。

陽光を浴びる残雪

第１日　【晴れ　無風】

朝五時名古屋発、桧峠の大日ヶ岳登山口にて金沢在住の仲間と待ち合わせる。一年ぶりの再会した山仲間は去年より一回り大きく成長していた。

車一台を桧峠にデポしもう一台に全員乗り石徹白中居神社を目指す。

朝日添川の橋を渡り河原に駐車し保川沿いの林道を進むが、雪はほとんどない。

ＧＰＳで現在地を確認し、高度９５０ｍの芦倉山南西尾根の末端付近から取り付く。急斜面の激藪である。藪が酷くて少し離れると見えなくなるのでなるべく固まって行動する。予想では１４００ｍくらいから雪が出て来るはずなのでそこまでの辛抱、と皆に言い聞かせながらじわりじわりと藪と格闘しながら進む。

やがて明確な尾根に乗り、１２００ｍのやや開けた場

芦倉山へ向かう

激藪を抜け出ての展望

所にでるが相変わらず激藪である。天気がよく尾根全体が見渡せるが期待に反し所々白い雪があるだけでほとんど藪である。すぐ隣の初河山の尾根や反対側の野伏ヶ岳や薙刀山は真っ白なのに、なんでここだけこんな激ヤブなの？って感じであったが、もう致し方がない。行くしかない。

藪も笹以外に低い硬い木やツルが密集して生えており、全身に細い枝やツルが絡み付く。疲労困憊してるメンバーをおだてながらも全然進んでいかない中、ジワリジワリと進む。手も足も顔の傷だらけである。たまに雪はあるが結局山頂直下まで同じような感じであった。

午後五時、予定より大幅に遅れてようやく芦倉山山頂に到着。急にすごい雪が出てきて感動の光景であった。北側は昨年縦走した銚子ヶ峰、一ノ峰～三ノ峰、別山～白山まで綺麗に見渡せる。西側は願教寺山、日岸山、よも太郎　薙刀山、野伏ヶ岳、そして南へは明日行く大日ヶ岳への長い真っ白な稜線が見える。本当にくたくたであったが何とか来られた。ここまで来れば後は快適な残雪縦走である。みんな本当に良くがんばってくれた。

今日の幕営予定地、保川のコルまではとても行けそうもないので、山頂から少し下った平坦な箇所にテントを張る。

食欲もあまり無いほど疲れていたが。何故か一人の女性だけが元気であった。

夜は、風もなく星がすごく出ていて、楽しい楽しい時間であった。

第2日　［晴れ　無風］

五時起床。今日も快晴。風もない、すばらしい天気である。

相変わらず四方八方に真っ白な山々が見える。朝食を摂り、ゆっくりとお茶を飲みテントを撤収して七時に出発。この広い山域の稜線上にいるのは我々だけである。予定の幕営地点まで来ていないので、今日の行程は長い。しかし稜線上は締まった雪がしっかりあり、昨日のような藪は無い。

まずは保川のコルを目指す。ずっと下りで快適である。コルは高度１３５０ｍで少し藪がでていた。最低コルからはエスケープできることも確認していたが、全員順調なのでそのまま進む。

素晴らしい雪の稜線歩きである。全くトレースは無い。今年も恐らく数パーティも入ってないのではないだろうか。いくつものピークをやり過ごし、十時半に天狗山に到着。大日ヶ岳にはひるが野方面からの尾根を上がってくる登山客が遠望できる。大日ヶ岳方面へはスノーシューのトレースがあった。天狗山と大日ヶ岳の間には小ピークが三つほどある。極力楽に行くため巻けるピークは多少急でもトラバースして巻いて行く。

バテ気味のメンバーをフォローしながら十一時半、大日ヶ岳到着！。相変わらず素晴らしい天気である。石徹白、白山方面もバッチリ見える。

山頂にはひるが野からのピストンの登山者が十名ほどいたが、芦倉山から縦走してきたと話しをしたらとても驚いていた。

　ゆっくり休憩し、鎌ヶ峰方面へ行く。こちらは藪がでてきたが登山道があるので問題ない。こんなに登山道がありがたく思えた事は無い。急な鎌ヶ峰に十三時半に登頂し、続いては今回の縦走の最後の水後山である。水後山には十四時半に到着。もうほとんど雪は無い。あとはウイングヒルズ白鳥スキー場にでてゲレンデ左端を登山口まで歩く。十六時、登山口到着。達成感一杯の中、長い長い二日間の縦走が終わった。

……

　苦労して達成した山行ほど思い出に残るものである。本当に藪に苦しめられた。今回のように斜面の向きや植相などによって、残雪がほとんどない所に出会うこともある。正に、激薮を制する者が残雪の山を制する、と言っても過言ではないだろう。恐らく雪が無いときには二度と来ないとは思うが、良い経験ができ、とても充実した山行であった。

　恐らく、銚子ヶ峰から一般登山道を経由し稜線まで出てしまえば藪の苦労もなかったと思うが、今記録を書きながら、大変ではあったがこのコースを選んで良かったと思う。

参加のメンバーに感謝！

　次回は大日ヶ岳から銚子ヶ峰、願教寺山を経由して野伏ヶ岳まで一気にやりたい。

（記・山口）

［地図］国土地理院の電子地形図 25000 を掲載

［コースタイム］

第１日　朝日添川の橋……（8 時間）……芦倉山

第２日　芦倉山……（3 時間 30 分）……大日ヶ岳……（4 時間）……桧峠登山口

踏査年月日◉ 20014・4・26・27

31 （残雪期）美濃と隔てる石徹白七山をつなぐ
丸《まる》山《やま》1786m〜芦《あし》倉《くら》山《やま》1716・7m

難易度◉　健脚度◉　地形図◉「二ノ峰」

丸山、芦倉山は石徹白を巡る山々にあって、奥美濃と飛騨との境をなす。石徹白を巡る山々には、残雪期に絶好のルートを提供してくれる山が多く、和田牧場から野伏ヶ岳などには山スキーの人も多く訪れている。西から左回りで小白山、野伏ヶ岳、薙刀山、願教寺山、銚子ヶ峰、丸山、芦倉山を石徹白七山とも言う。芦倉山には保川に林道が延びているので、これを利用して山頂から南に真っすぐ下っている支尾根から登ることもできる。

日本山岳会東海支部編の「山旅徹底ガイド」には、丸山には初河山のある支稜を経てのルートが、芦倉山には初河谷の出合から登るルートがそれぞれ紹介されている。今回のルートは丸山、芦倉山の稜線をつないで登ろうという計画であった。当初の日程では何人かで入山予定であったが、天候を見て急遽出発したので小人数のパーティとなった。

石徹白の白山中居神社の前で仮眠し、大杉林道に車を乗り入れる。石徹白大杉への林道はその年の降雪の量とその除雪の時期によって車の入る時期が異なり、丸山や願教寺山への登頂の時期が左右される。林道に乗り入れると果たして倒木が残っていて進入が一時中断させられた。何とか車を進め、適当な所で車を停めて歩き始める。

大きな沢に出合い右岸通し登り始めて北側の支尾根に上がっていく。しばらく登った所で大杉なるものが現れて、ここにも大杉があると感心しながら良く見ると実は石徹白の大杉であった。初河谷から初河山の支尾根に取り付く予定が、神鳩ノ宮避難小屋への支尾根、銚子ヶ峰へのルートを登っていたのだ。

ここより引き返していては時間のロスが大きいので、ルート設定は神鳩ノ宮避難小屋を経て登ることに変更した。当初はルートを間違えたのだが、結果的にはより大きなスケールで残雪の縦走を楽しむルートとなった。

神鳩ノ宮避難小屋へは夏道がある。五月にはコブシの花に真っ白に覆われ、初夏にはゴゼンタチバナなどの花が楽しませてくれる道もすっかり雪に埋もれている（近年ゴゼンタチバナはめっきり少なくなった）。背後には野伏ヶ岳、薙刀山の稜線が競り上がってくる。神鳩ノ宮避難小屋は朝の陽が当たって目覚めたようだ。但し、この時には小屋の入り口の戸が凍っていたのか、開けることができなかった。後に別項の通り銚子ヶ峰へ上がった際には中を見ることができた。

丸山へは銚子ヶ峰への尾根から分かれて広い尾根を行く。地形図には道の印もあるが無雪期には笹に覆われていてとても通れそうもない。今はただの広い雪稜である。山頂直下の急登をこなすと、丸山は頂稜が広くどこが山頂かはわかりにくい。

丸山から芦倉山

丸山から芦倉山へは痩せ尾根が続き、稜線を忠実に行かざるを得ない。笹や薮がでてきていて、立ち木にも邪魔されて進みが鈍る。残雪狙いの山なのに思わぬ薮漕ぎで難儀して何とか芦倉山に到着。

芦倉山からは南に展望が開けていて、山頂ではそれまで痩せ尾根歩きと藪漕ぎとの緊張を強いられていたことから比べて、開放感がある。西には石徹白川の谷を隔てて、野伏ヶ岳、薙刀山などの稜線が連なる。山頂より南にゆったりとした支尾根が下っているので誘い込まれないように注意し

［地図］国土地理院の電子地形図 25000 を掲載

［コースタイム◉ 9 時間 20 分］
初河谷入口 ……（1 時間）…… 石徹白大杉 ……（2 時間）…… 神鳩峰避難小屋 ……（1 時間 40 分）…… 丸山 ……（2 時間 10 分）…… 芦倉山 ……（2 時間 30 分）…… 初河谷入口

踏査年月日◉ 2004・4・9

たい。この支尾根は保川の林道から直線的に登るルートでもある。車に戻るのは西寄りの支尾根で、磁石と地図で方向を定めてから下降に入る。この時にはここで初めてアイゼンを付けた。西に下る支尾根は南側の雪庇が心配で支尾根の北側を下っていくが、南側の見通しも悪くなる。北側は緩やかな斜面のトラバースの為、こうした時には谷側に下り過ぎないように注意する。

支尾根はそのまま西に向かうと初河谷に下っているので、微かなトレースを頼りに南方向に延びる支尾根を選んでこれを外さないように下る。振り返って仰ぎ見ると下ってきた支尾根が大きく立ちはだかる。支尾根が北よりに向きを変え、急な下りになる頃からルートファインディングに注意が必要となる。林道からの取り付き地点、つまり車の置いてある場所に近い所に下ろうとしていたので、ルート取りを杉の植林地に入っていく。植林の背丈が高くなり部分的に見通しが悪い上に、植林地では陽射しが直接雪面に射さないためか、雪が緩んでいて足を取られる。地形図で見ると林道が斜面を横切っていて、これに乗っかりそうになるが、林道をそのまま下っては初河谷出合へは下りられない。初河谷左岸には急斜面があるので、林道を利用して地図を睨みながら歩きながら下降点を決める。初河谷出合への下降は急斜面の上、雪はなく雑木林となって見通しが悪い。木に掴まりながら下って出合いに下り立った。

林道では日差しの暖かさにつられてフキノトウが一杯顔を出していた。この日は快晴に恵まれて良い山行のできた一日であった。

やぶ山ばなし

事故事例②

二つ目にはリーダーとパーティの関係について。先の白山の沢登りの事例では、リーダーが間違った判断をした場合に他の二人が良く話し合って、恐らく説得して無事小屋に入った事例でした。鈴鹿の事例では、他に何人かの参加者がいましたが、リーダーの言われる通りに一緒に滋賀県側に下ってしまった。山中で意見を言ったり話し合ったり、ということではなかったのではないでしょうか。

①と②これら二つの事例からは、リーダーは絶対か、という問題の立て方だけでなく、一人一人の参加者が判断力を持つ——主体的な登山者として山に入ることが必要でないか、自主的な判断のできる登山者として成長することの大切さを教えていると言えます。

また、単独行で山に入った場合には、自分が間違った判断をしてしまった場合にその間違いを修正してくれる仲間がいない、そのまま事故や遭難に結び付いてしまうことになります。こうした点では単独行で山に入るのはできるだけ避けた方が良いということになります。

32 銚《ちょう》子《し》ヶ《が》峰《みね》

石徹白大杉から残雪の白山禅定道を登る

1810・4m

難易度◉　健脚度◉　地形図◉「二ノ峰」

願教寺山

四月も下旬になり石徹白大杉への林道が開通したとの情報を得て、残雪の銚子ヶ峰を目すことにした。今回は新人さんの雪上歩行訓練として計画したのだが新人の不参加となり、最も若くても六十一歳という熟年以上ばかりの参加者のパーティとなった。

白山中居神社より石徹白大杉への林道へ車を乗り入れ、沢沿いの林道を遡る。林道沿いの雪はすっかりなくなり、フキノトウも花が開いてしまっている。木々も小枝も緑に染まり、芽吹かんばかりになって山深い石徹白川沿いも既に春になっていた。

登山口駐車場には既に車が何台も止まっていた。駐車場は広く、東屋も建てられている。

まずは石徹白大杉への四百段余りの急な石段の登り。パーティのトップをお願いしたのはパーティ最高齢、七十歳に手が届こうという方なのに決してゆっくりではない。セオリーとして歩き始めはゆっくり歩きましょう、と声を掛けようかという速さで登っていく。石段を登り切って大杉に到着。樹齢千八百年と言われる石徹白大杉は以前よりも枝振りが少なくなっているようで、保護の為近づけないようにロープが張られていた。

大杉を右に見て登山道に入る。登山道は禅定道というだけあって良く踏まれている。道を遮る木々の葉もなく、道は厚く落ち葉に覆われていてまるで秋の山を登っていくよう。残雪の山を期待していたのだが少々期待外れ。それでも千三百m弱から雪が現れて、所々の雪を選んで歩くようになる。支尾根が北に向きを変えて広くなってくると雪も増えてきた。右手の山々は丸山から芦倉山に連なる尾根なのだが、どうも判然としない。支尾根の南東側には雪庇崩れの雪の崖が残っていて、これに近づかないように登路を選んでいく。雪庇崩れの残雪は南東側に厚く張り出していて、実際の支尾根の上からどれほど張り出しているのか、は判然としない。立ち木などを目印にしても余り確証の持てる境目とは言えない。極力山側にルートを選んで、むしろ風上側の斜面に回り込んで登って行った方が安心ではあるが、トレースは必ずしもその様には付いていない。

支尾根はオタケリ坂の急登となり、これを登りきると広い尾根となる。振り返ると願教寺山や野伏ヶ岳などの山々が雪稜となって連なっている。北には銚子ヶ峰に連なる

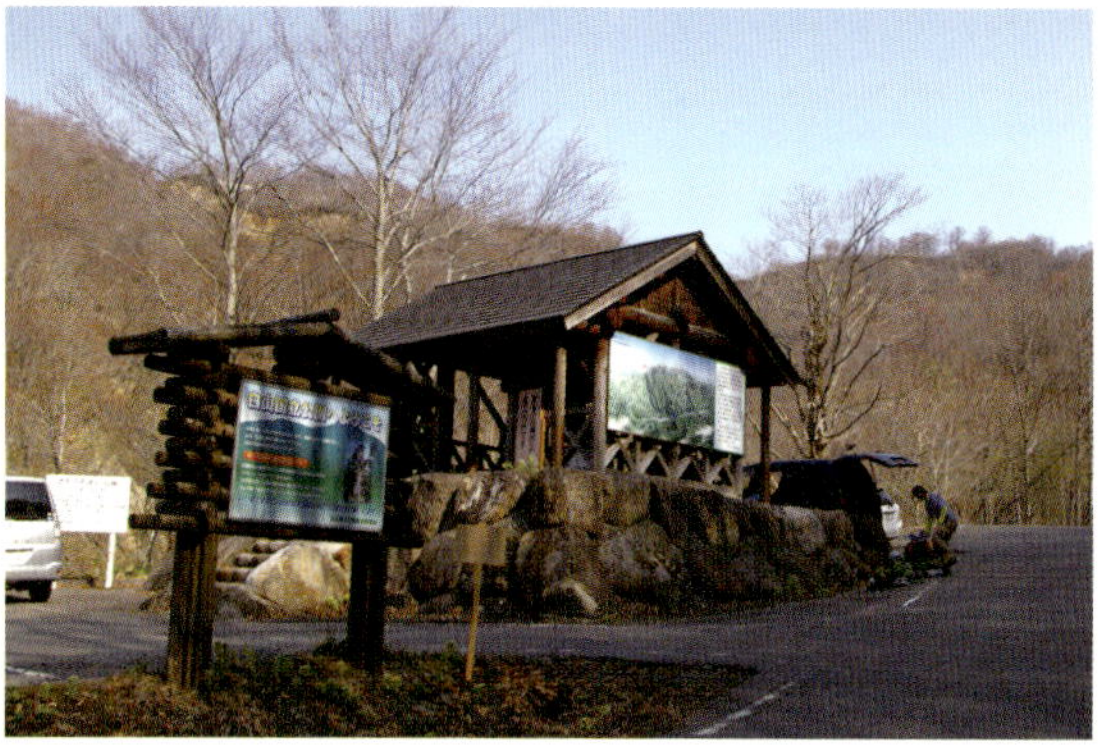
登山口東屋

大きな山容が望まれる。広い雪稜を緩やかに登っていくとほどなく神鳩ノ宮避難小屋に着く。小屋はログハウス風でまだ新しく、屋根には避雷針が銀色に輝く。中を覗いてみると、板張りの室内は快適そうである。小屋の周りは初夏には花がいっぱいになるが、今は雪の下であり、神鳩ノ宮の祠も何も見えない。ここから丸山、芦倉山の周回ルートなどは別項参照。

小屋よりいよいよ銚子ヶ峰を目指す。広い雪稜を快適に登っていく。大きく孤を描いて登っていき、急登に差し掛かる。春の残雪のこと、凍り付いている訳でもないので、キックステップを利かして急な雪尾根を登る。もちろん少しでも不安な向きにはアイゼンを装着する。滑りやすい笹を踏み越え、雪の小さな壁を乗り越え、更に笹を踏み越える。急登を超えたところは母御石の北寄りであった。母御石が丸く見下ろされる。

母御石からはどこでも歩ける広く緩やかな雪稜となった。

登り着いた山頂は、方向指示板が雪から出ていたが、山頂標識は倒れていた。まったくの快晴で、大展望が広がる。北には小ピーク、一ノ峰と続き、別山が大きく立ちはだかる。南西方向は、願教寺山、よも太郎山、薙刀山と、これらは標高1,600m級で既に眼下に連なる。これらの稜線もまだたっぷり雪を残していて、天候に恵まれれば縦走したいルートである。登山口が970mほどで、山頂までの行程標高差は900m余りであった。

笹の陰で風を除けて昼憩を摂った。下山は雪道のこと、展望を楽しみながら快適に下ることができた。

駐車場で靴を脱いでいると、林道を数名の登山者が下りてきた。尋ねると願教寺山からの帰りだという。笠場谷を渡って願教寺山へのルートは谷の両岸が迫り、通過が大変そうで、未だ石徹白からの願教寺山へは入山していない。笠場谷付近でも雪はすっかりなくなっていて、残雪が出てくるのはもっと上部だとのことであった。

林道を戻り白山中居神社に水芭蕉を見に立ち寄る。神社手前の駐車場横の田んぼの様

石徹白大杉

な場所に水芭蕉が丁度咲いていた。ザゼンソウは時期が過ぎていて一株しか見られなかった。社殿へは朝日添川に架かる橋を渡るが参道の両側には樹齢千八百年と言われる天然記念物の杉の巨木が空を覆う。

三ノ峰、別山

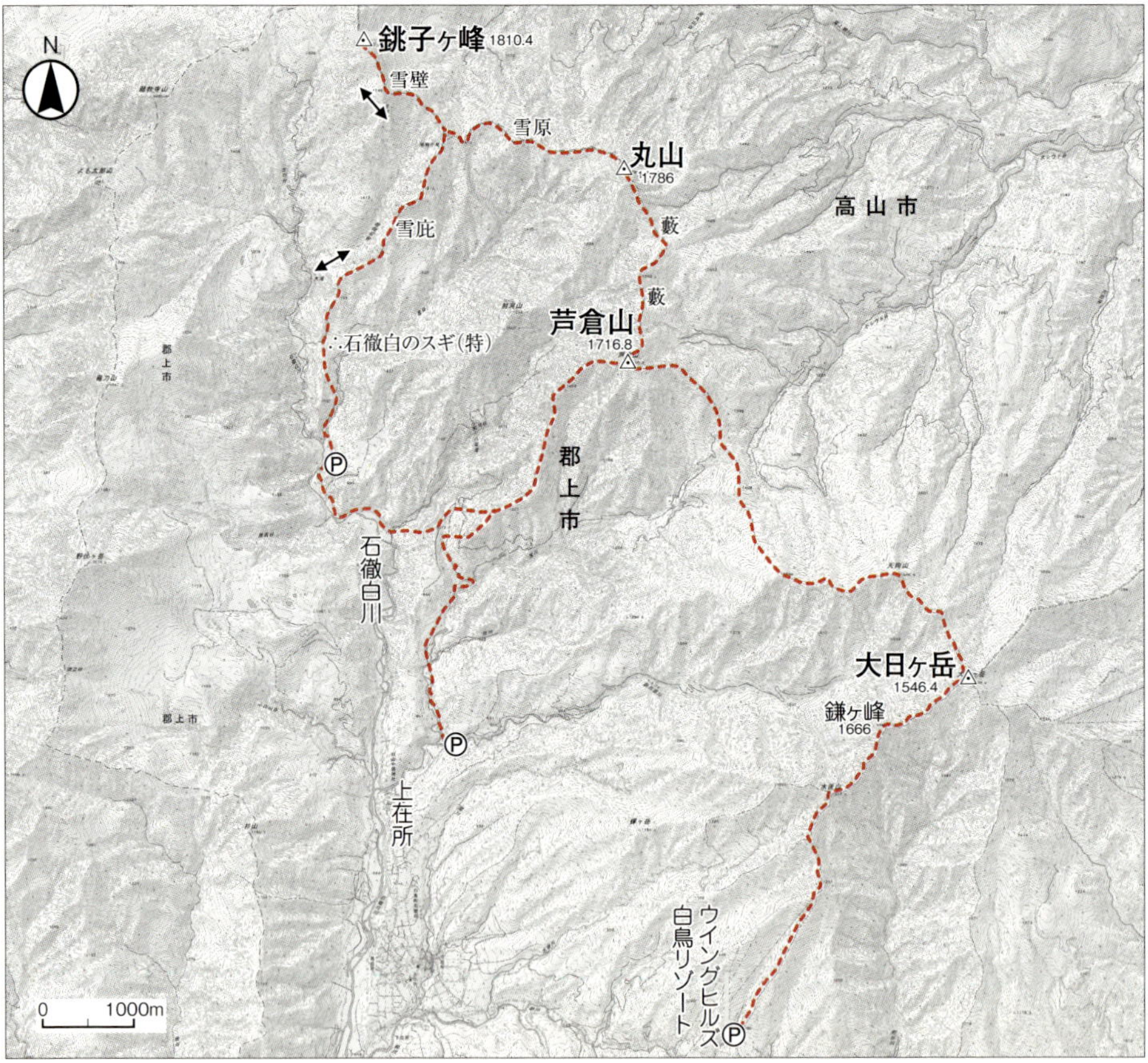

［地図］国土地理院の電子地形図25000を掲載

［コースタイム◉5時間］
石徹白大杉登山口……（2時間）……神鳩ノ宮避難小屋……（1時間）……銚子ヶ峰……（30分）……神鳩ノ宮避難小屋……（1時間30分）……石徹白大杉登山口

踏査年月日◉2014・4・27

33 白山《はくさん》

花の白山へ登る

2702・2m

地形図◉「白山」「加賀市ノ瀬」

白山室堂

白山の登山口は、まずこの市ノ瀬からのルートが挙げられる。ビジターセンター、キャンプ場、広い駐車場が整備されている登山基地である。

シーズンはここから別当出合までは自家用車は入れず、専用バスに乗換えとなる。市ノ瀬には金沢からの直通バスで入るか車利用となる。夏の朝、駐車場は一杯となり、別当出合までのバスに陸続と登山者が乗り込む。

別当出合にはトイレ・休憩所が作られている。バスを降り、観光新道への道を左に分け、階段を下る。吊橋で別当谷を渡り、整備された道の登りにかかる。

柳谷川が見えるが、砂防堰堤がいくつも造られて砂防工事のオンパレードである。しばらくは樹林帯で、最初の休憩はトイレ・水場のある中飯場。砂防工事用の道路を二本横切り、登り一辺倒の道となる。少し開けたところに出たのは別当覗。別当谷を挟んで観光新道や林道に迫る崩壊地が望まれる。ここは広場となっていて良い休憩場所ではあるが、谷側がスッパリ切れ落ちているので油断できない。

石畳みの道を行くようになると甚之助避難小屋に着く。夏の終わり頃、この辺りよりハクサントリカブトが多い。甚之助避難小屋を後にして南竜分岐につく。この辺りにはシモツケソウ、イブキトラノオが多い。シモツケソウのピンクの色は鮮やかである。右山で登るようになり、別当谷の源頭部となる。雪渓から流れ落ちた小沢の水場を何ヶ所か横切っていく。ひょっこり黒ボコ岩にでて観光新道の道を合わせると、室堂に続く高原状の弥陀ヶ原に出る。木道など遊歩道として整備されており、時折雲の間から姿を見せる御前峰を見ながら登って行く。筆者は以前のことは良く知らな

イワイチョウ

いが、この弥陀ヶ原はお花畑が広がっていたが、近年は高山植物が、減り笹が繁茂してきているという。雪解けの時期が早まり、笹の方が優勢となって来ているとのこと。そう言えば、花の山白山、というイメージよりはどこか殺風景な感じも受ける。これも地球温暖化の影響の一つだろうか。

翌日、ご来光を見てから市ノ瀬に下山の場合は室堂でゆっくりできるが、別山を目指す場合には、御前峰、大汝峰を廻っておきたい。

弥陀ヶ原木道

室堂でゆっくり休んだら、白山山頂、御前峰を目指す。室堂から見上げる御前峰は間近に感じられ、気持ちははやるがゆっくりと石畳みの道を登りたい。

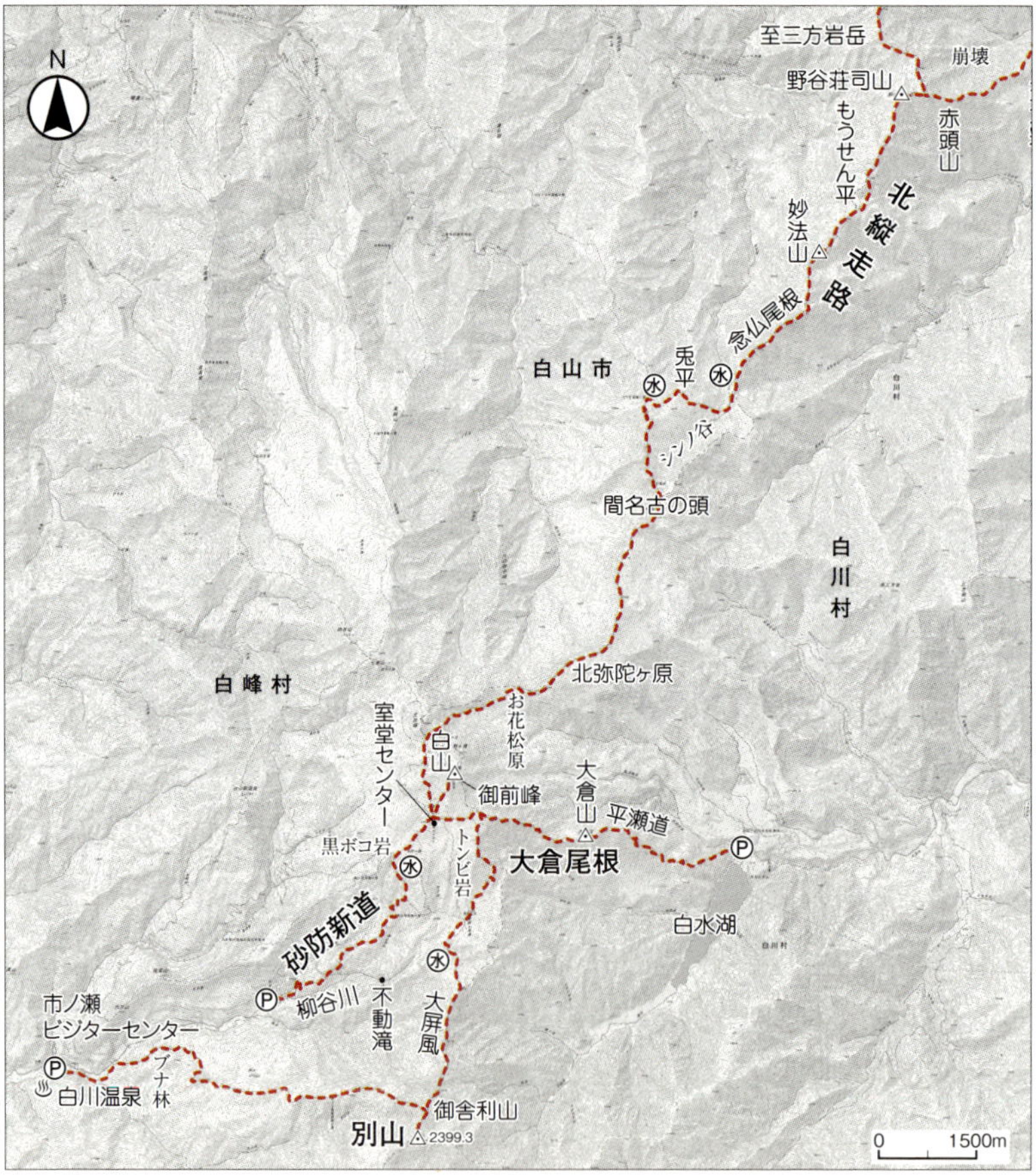

［地図］国土地理院の電子地形図 25000 を掲載

［コースタイム◉ 4 時間 30 分］

別当出合……（40 分）……**中飯場**……（40 分）……**別当覗**……（40 分）……**甚之助避難小屋**……（20 分）……**南竜分岐**……（1 時間 20 分）……**室堂**……（50 分）……**御前峰**

踏査年月日◉ 2006・8・25

室堂から別山

難易度◉★★★　健脚度◉

別山山頂の別山神社

室堂から別山を経てのコースは、下山のチブリ尾根が長いので早立ちとなる。小屋では朝食を弁当にしてもらい、少し歩いてから朝食にする。

まだ暗い内に室堂宿泊棟の中庭を東に出て、大倉尾根の方にハイマツの中の石のゴロゴロした道を下って行く。高原状のところの東の端が大倉尾根道との分岐であり、ここより南の展望歩道に入る。ゆるやかに下っていく頃、夜が明けてくる。急な山道となりドンドン下っていく。道の傾斜が落ちてくると山姥谷に下りていく。お花の時期としては遅かったが、まだカライトソウ、ハクサントリカブト、ミヤマウスユキソウなどが咲いていた。木道を下って行くと右手に南竜ヶ馬場の小屋が見えてくる。分岐となり、野営場の登りにかかると、ハクサンコザクラ、イワイチョウなども咲いていていた。野営場は雪深い白山の山頂直下とは思えない立派なもので、ここをベースにお花畑を巡ったり星を眺めたりして過ごせたら、どんなに素晴らしいだろう。北側には白山の山容が雄大な眺めとなって広がる。良く見ると正面の上部にトンビ岩らしき岩がこちらを向いている。

別山への先を急ぐ。縦走路は展望歩道で大きく主稜線を西に外れているので、南竜ヶ馬場からは主稜線の油坂ノ頭まで油坂を登り返すこととなる。まず、野営場の外れから柳谷の源頭赤谷に下る。行程が長いので、この辺りで水の補給を予定すると良いだろう。油坂ノ頭までの油坂はこのコース後半の大きな登り返しとなる。また、時期が早いと雪渓が残っているという。登り着いた油坂ノ頭は特になにもないが、東側からの風を受けて開放感に浸ることができる。

別山へは大屏風と云われる辺り、縦走路の東側が崩壊しているところの上部の通過を注意する他は、静かで快適な縦走を楽しむことができる。この大屏風の他、野谷荘司山、三方崩れ山など、白山の南北に連なる稜線上では、東側に崩壊壁が発達している場合が多いようだ。豪雪地帯特有の積雪と雪崩によるものか、その他の原因に因るものかはわからない。笹や背の低い草が多くて見晴らしは良い。御舎利山では東側から巻いて縦走路にもどる。

別山までは一投足である。別山神社の建つ頂上からは三ノ峰など奥美濃の山々が見下ろされる。チブリ尾根へは御舎利山に戻り、西の道に入る。下り始めは急な道が続く。朝早く市ノ瀬を出た人たちにも何組か出会う。

チブリ尾根避難小屋は新しい小屋の様だが、特に寝具などはない。小屋の辺りは開けていて眺望が良い。小屋から下では黒くなった水を溜めた

南竜ヶ馬場

小さな池を見る。草付を行くようになり、ツリガネニンジニヤエゾリンドウが咲き始めている。ブナ林を下って行くようになると、中間点4・7kmの標識が立つ。

道が尾根の北側に回りこんで下っていくようになると、上段の床の水場に着くが、水量は少なく、もう少し下の下段の床の水場まで下ったほうが良い。水場の下の道ではブナ林となるが大きなトチノキも目立つようになる。

林道に出ると市ノ瀬まではもう一頑張りである。

市ノ瀬の白山温泉は時間が遅いときには立ち寄り入浴できないので、白峰温泉に泊まるか、立ち寄り温泉の展望荘が便利。

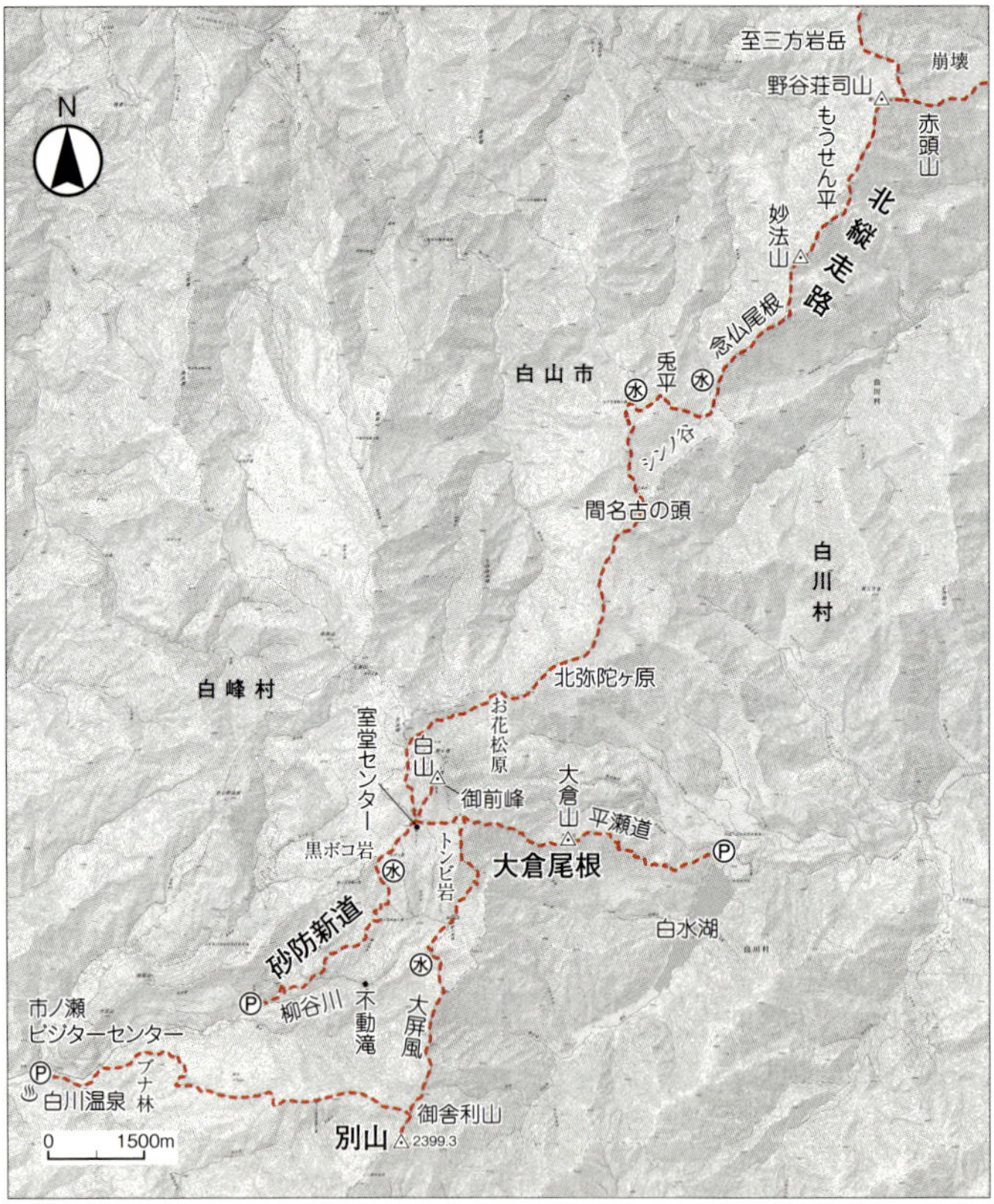

［地図］国土地理院の電子地形図 25000 を掲載

［コースタイム◉ 7 時間 45 分］

室堂……（15 分）……大倉道分岐……（1 時間 10 分）……南竜ヶ馬場野営場……（1 時間）……油坂ノ頭……（1 時間 20 分）……チブリ尾根分岐……（10 分）……別山……（1 時間 10 分）……チブリ尾根避難小屋……（2 時間 20 分）……林道……（20 分）……市ノ瀬

踏査年月日◉ 2006・8・27

大倉尾根～白山北縦走路を行く

難易度◉★★　健脚度◉（靴3）

地形図◉「御母衣」「白山」「新岩間温泉」「平瀬」「新中宮温泉」

第1日　大白川～室堂～御前峰

白山の山頂から北に延びる北縦走路の縦走の一環として、岐阜県側大白川より大倉尾根を登る。

今回、先発の二名は御母衣ダム付近に前日遅く着きテントにて仮眠である。そこでの待ち合わせは7時。東海北陸道は早朝にもかかわらずシルバーウィークとあって交通量は思いの他多かったが、順調に走り六時には荘川ＩＣを出る。牧戸から国道１５６号線に入り御母衣ダムの湖岸を走る。この道路は金沢に勤務していた時よく走ったものだ。狭くてすれ違いのできないトンネルも多かったが、その多くに新しくトンネルが掘られ、そうした箇所もスムーズに走ることができ、6時過ぎには先発組の仮眠地に着いてしまった。着くとテント内では起きだす気配がし、テントから出てきた。外は長袖シャツ1枚では寒いくらい気温が下がっていた。そういえば今朝自宅で新聞を取りに出たとき、冬の星座の代表格、オリオン座がはっきり見えたので、相当冷え込んでいたのかも知れない。これまた、良い天気になる兆候だ。

今回の山行は縦走なので車二台を使用。一台を登り口の大白川の駐車場に、もう一台を下山口の馬狩大窪の林道に停めることにする。先に下山口の大窪集落跡に向かう。国道１５６号線の野谷橋を渡り２００ｍほど行ったところを左折し舗装された林道を行く。途中トヨタの森林パトロールの人に会ったので登山口（下山口）の確認をする。大きな杉の木の横に立派な墓が立っているところが登山口である。登山口の看板もある。この墓は大杉鶴平氏のもので、大杉氏は野谷荘司山の登山路を開いた人でもある。それ故この登山路は氏に因んで鶴平新道と呼ばれる。さて、ここに一台の車をデポしもう一台の車で平瀬まで戻り国道から西に分かれて大白川に向かう。この大白川に入る県道は、初めて白山

大倉山避難小屋

に登ってから15年も経っているので流石に整備が進んでいた。この間三回このルートから白山に登ったが、いずれも日帰り登山であった。しかしよく崩れる道路のようで雨量により通行規制がある。土砂崩れで通行止めになり下山できなくなった登山者が出たこともある。

　登り口に近い駐車場は前夜から入っている車もあり、満車なので奥の広い駐車場に停める。こちらはガラガラだ。

　出発の準備をしていると我々の車の後ろに駐車した登山者がいた。父親と小学生の息子、祖父の三人組であった。富山ナンバーだったので聞いてみると、富山市から来たとのこと。同郷の誼でしばらく話をする。

　車を回送していたので、遅くなったが出発。歩き出すとすぐに汗が出てくる。朝方は少し肌寒く感じたが、天気の方も段々良くなりいかにも秋を思わせる青空になってきた。ブナ林の中を歩く。眼下にエメラルドグリーンの白水湖が見えてきた。更に高度が上がると穂高の峰々、御嶽山、乗鞍岳が見え出してきた。三方崩山がすぐ近くに名前のとおりの剥き出しに崩れた山肌をみせる。見晴らしのよいところで二回目の休憩。大倉尾根は久しぶりに歩くのだが、こんなにきつかったのだろうか、記憶がない。ザックが重いためなのか、はたまた年をとったせいか。

　大倉山の標識は登山路に立っており、三角点は別のようだ。この標識を越えるとすぐに大倉山の避難小屋に着く。静岡県掛川市から来た中年の男女五人が休憩していた。言葉ですぐ静岡県の人たちだとわかる。筆者は長らく静岡に転勤になっていたので、懐かしさで声をかける。この避難小屋にはトイレ、水場がないので泊まる場合は要注意。

　この登山道でも花の時期ならばいろいろな花を楽しめるが、時期が遅いので殆ど見ることができない。それでも大倉山の近くでトリカブトを見る。

　今回は縦走なので７０Ｌのザックが肩に食い込んでくるが、相棒は快調に登っている。マイペースでゆっくり確実に高度を稼ぐ。大カンクラ雪渓の道標を過ぎ、階段状の道を右手に御前峰手前の山を見ながら歩く。やがて森林限界になりハイマツが出てくる。室堂平には以前登った時は、黒百合がいっぱい咲いていたが、今日は残念ながら時期が遅いので花は見られない。しかし、雲ひとつない快晴になってきた。別山もくっきり見える。

　先に到着していた相棒が、室堂センターで宿泊の手続きを済ませて待っていてくれた。遅れてもう一人も到着。今日の宿泊場所である、こざくら荘に入る。結構大きな小屋である。この一室だけで二十名泊まれる。北アルプスの最盛期の小屋なら倍の四十名は泊めるであろう。ここにザックを置き、空身で御前峰に登ることにする。天気が良いので３６０度眺望がきく。まだ午後の二時半なのに次々と登山者が頂上に登ってくる。我々と同様宿泊者なのだ

白山神社奥宮

三方崩山

ろう。頂上でのんびり景色を楽しみ室堂小屋に戻る。夕食まで時間があるが小屋の中でウイスキーをチビリチビリと飲む。隣に中年の夫婦が休んでいた。聞けば多治見市から来たとのことで、歓談する。

5時からの夕食が終わっても消灯までまだ時間があるが、7時に寝ることにした。こんなに早く寝ると夜中の12時とか1時に目がさめて困るのだが仕方がない。お酒が効いたのかよく眠ることができた。

（記・村田）

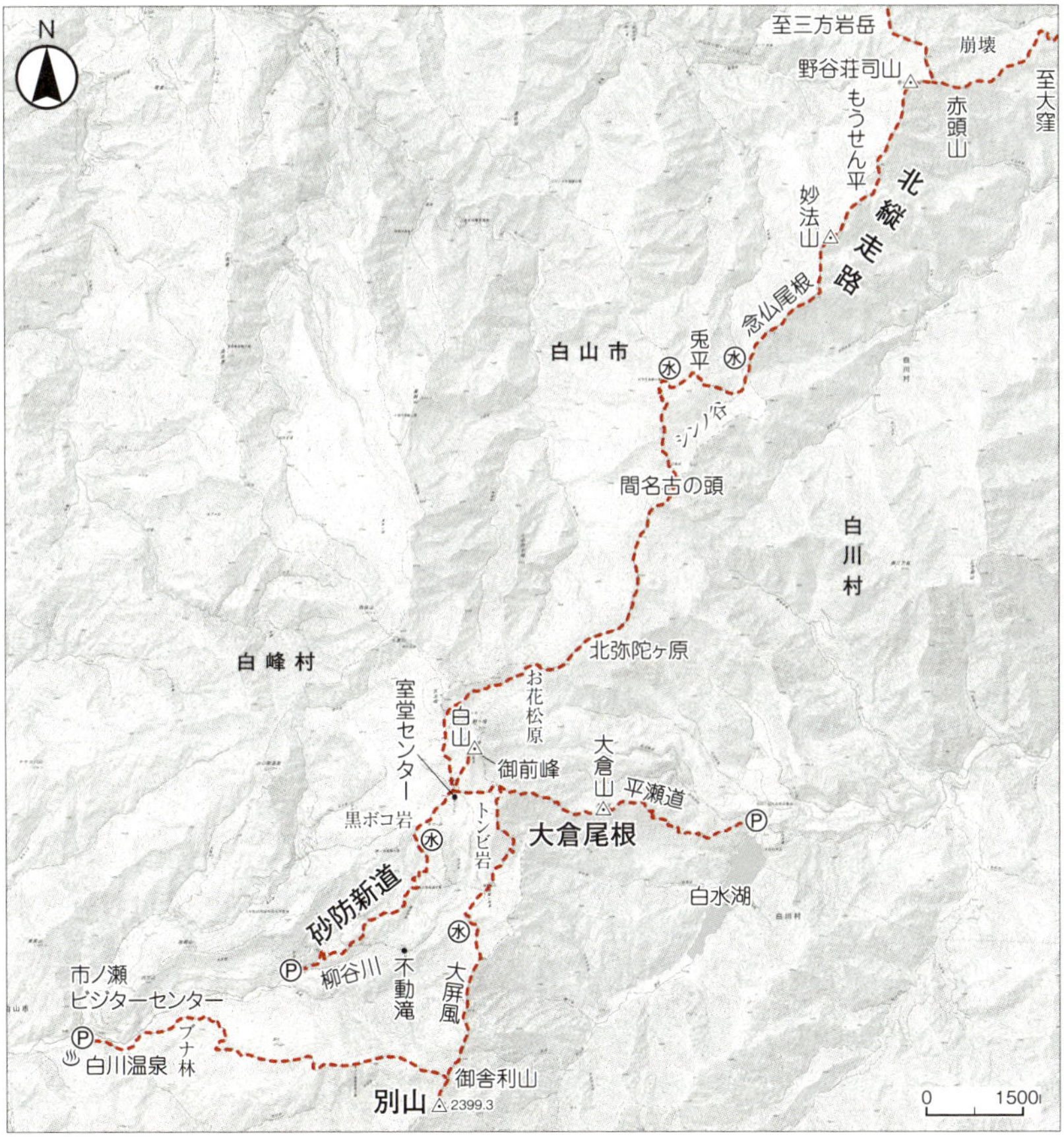

［地図］国土地理院の電子地形図25000を掲載

［第1日コースタイム◉5時間］

大白川登山口……（2時間30分）……大倉山……（1時間30分）……室堂センター……（40分）……御前峰……（20分）……室堂センター

踏査年月日◉2009・9・20

白《はく》山《さん》北縦走路

難易度◉★★　健脚度◉

地形図◉「御母衣」「白山」「新岩間温泉」「平瀬」「新中宮温泉」

第2日　室堂小屋〜ゴマ平避難小屋（泊）

　室堂センターの朝食は我々最初の組が六時からだったので、当初の六時出発を変更し七時前に出発。小屋のすぐ傍を通り、御前峰を西に巻く道を千蛇ヶ池に向かう。大汝峰に向かう道である。この道は御前峰と大汝峰の間にある七つの池を巡るコースでもある。花の時期にはこのコースはいろいろな花が咲き乱れ大変楽しいコースであるが、今日はお池巡りではなく、中宮道をゴマ平の避難小屋まで歩く予定だ。昨日同様晴天に恵まれ爽やかな気分で歩く。三十分で千蛇ヶ池に着く。千蛇ヶ池は万年厚い雪で覆われていた。お池めぐりの案内板によると、白山を開いたとされる泰澄大師が、悪さをする千匹の大蛇を万年雪で封じ込め、万が一雪が融けて蛇が出てくる恐れがあるときは御宝庫が崩れ落ちて池をふさぐ、と書いてある。

　大汝峰の登り口には釈迦新道と中宮道の分岐があり、案内板にゴマ平避難小屋8・8㎞とある。ここから右側（東）に中宮道を行く。しばらくは剣ヶ峰、御前峰を右に見、緩やかな下りであるが、やがて急な下りに変る。木道も作られていて、緩やかにトラバース気味に平坦になったところがお花松原である。お花松原はその名の通り高山植物の宝庫ということで、室堂からお花畑を見に往復する登山者もあるという。振り返ると剣ヶ峰、大汝峰の雄姿が見えるが、白山はここからの眺もなかなかのものだ。さすがに霊峰白山だ。

北縦走路に向かう

　お花松原を越えると上りになり平らになったところが、2349m地点である。これを過ぎると緩やかな下りになりハイマツの中を歩く。ハイマツ帯を裂いていくように道がある。

　ハイマツ帯を抜けると北弥陀ヶ原である。花の季節が終わっていたので残念ながら花は楽しめなかったが、いかにもたくさん咲いていた感じがした。コバイケソウが立ち枯れている。植生の保護の為、木道がところどころ現れる。ここまで一人の女性に会っただけだったが、二人組と三人組の登山者に会う。我々とは逆のコースである。

　北弥陀ヶ原の道標を過ぎしばらく行くと地獄覗に着く。ここから西側（左）に地獄尾根がいたるところ崩壊して地肌がむきだしになった姿がみられる。それにしても地獄覗とはおどろおどろしい名前だ。信仰の山だから仏教用語があちこち付けられているのでこれもその一つなのだろうか。

うぐいす平を通り鞍部に出る。間名古の頭が立ちはだかるがここは西側に巻き道があり頂上は通らない。午前中だったので日陰になり快適に歩く。トラバース道は笹の根などがあると歩きにくく注意が必要だが、この道は木の根があるもののそんなに心配することはなかった。ズダヤクシユがあちこちで見られた。ここから少し下ると三俣峠にでるが、なぜ峠の名がついたのかわからないようなところだ。峠から下り、上りかえして尾根のやや下、東側の道を歩く。尾根道を歩いているのと大して変わらない。東の谷から吹き上げてくる風が心地いい。やがてダケカンバとオオシラビソの林になり急な下りが終わると忽然とゴマ平の避難小屋にでる。ここが中宮道と妙法山、野谷荘司山に向かう北縦走路の分岐である。今日はこの小屋泊りである。

小屋は銘板によると1999年に石川県が建てたものだ。二階建てで25名泊まれる。トイレも室内にある。冬期には豪雪地帯の事、建物はほとんど雪に埋まってしまうのだろう。トイレが室内にあるのは、本当に助かると思う。また、冬期用入口が二階にあり、外側には梯子が付いている。水場は50ｍほど東に行ったところにある。到着後すぐ水場に行ってみたら、真新しいタバコの吸殻が一本落ちていた。小屋には誰もいなく我々が一番乗りだったので昨日泊まった誰かが捨てたものであろうが、非常に不愉快であった。

ただ、水は冷たくて大変おいしかった。小生が持参したミネラルウォーターよりよほどおいしい。そこで二リットルのペットボトルにウイスキーの水割用に詰め、重いのを我慢して持ち帰った。

予定より早く11時過ぎに小屋に着いてしまい、昼食をとっても時間がたっぷりある。ここからよほどの事下山しようかとも考えたが、ガイドマップでは林道まで七時間もかかるので、無理をしないでのんびりすることにする。その後早い時間に中年男性二人組が到着。中宮温泉から登ってきた金沢の人たちで、明日同じルートを帰ると言う。金沢と聞いて懐かしく感じた。以前金沢に勤務していたときマンションの窓から白山の頂上部がみえ、思い立ったら日帰りで白山に登っていたのだ。市ノ瀬からの入山であれば、早朝なら日帰り圏の山であった。この金沢の人たちの話では、ゴマ平避難小屋から妙法山にかけては歩く人が少なく、白山周辺では一番熊が出没するところだそうである。今朝、室堂センターで白山登頂記念と刻印してある熊よけのカウベルを買ったのだが早速役に立ちそうだ。

次に到着したのが女性一人に男性四人の若者のグループ。彼らは先着の我々に挨拶

秋の縦走路

もせず二階に上がった。

さて、今日の夕食担当は東京から転勤で来ているパートナーである。タマネギに自宅で煮てきた牛肉を温め牛丼が出来上がる。牛肉たっぷりで大変おいしい。料理はまるで駄目な小生には思いもよらないものであった。

食事も終わり、今日この小屋は我々を含め10人だと思っていたところ、なんと六時半を過ぎて20代前半らしき若い男性が来たのである。驚いた。相当疲れている様子であったが聞いてみると南竜ヶ馬場から来たとのことであったが、暗くなってからヘッドランプを点け歩くのは不安だっただろう。この小屋は山の陰になっているので、陽が落ちると急に寒くなってきて、外には居られなくなる。隣の金沢の二人組はすでにシュラフに潜り込んでいたのだから。我々も7時には就寝。

第3日
ゴマ平避難小屋～妙法山～野谷荘司山～林道

4時起床。五人組は3時過ぎに起床し早々に出発した。昨夜遅く到着した青年も5時20分頃出発した。金沢組は我々が出発する時にはまだ寝ていた。我々は水場付近が滑りやすく、左手が落ち込んでいること、兎平に上がるまでも道が悪いので、明るくなるのを待って出発した。

歩き始めて、やはり水場付近は岩がゴツゴツして滑りやすく悪い。潅木に覆われて見過ごすが大きく落ち込んでいるので、要注意箇所である。

この登りの途中で昨夜の青年に追いつく。随分息を弾ませている。それにしてもこんなに簡単に追いつくとは思わなかった。しばらく一緒に歩くが下りになっても呼吸が荒い。大丈夫かな。聞けば大阪から来たとのこと。野谷荘司山から三方岩岳を通り白川郷よりバスで金沢に出て大阪に帰ると言う。あまりに歩きが遅いので先に行くことにしたが、息の弾み具合からいささか心配になった。

兎平の北側は雪解けが遅いのか、8月初めにはマイヅルソウが咲いていたことがあった。以前、逆コースを歩いて撤退し、一ノ瀬ビジターセンターで其の事を話したら、縦走路の残雪の状態を随分と気にしておられた。

どんどん下って行くとやがてシンノ谷に架かる鉄製の橋に着く。幅40cm長さ5mほどだがこんな山奥に誰が架けたのだろか。石川県が架けたとしか思えない。雪崩にやられているのか、少し傾いている。この橋を渡ると少しの急登を経て緩やかな登りの尾根に出る。念仏尾根で、オオシラビソなどの亜高山性の樹林帯である。ここにも仏教用語が出てくる。この尾根は起伏が少なく視界が開けているうえ登山路の整備もよいので気分良く歩く。曇り空だが所謂高曇りで遠くの山もはっきり見える。あまりの快適さに、白山を目指した信仰心の篤い人たちが、念仏を唱えながら歩いたが故に命名されたのかと思った。道端にところどころ白い花が咲いていた。ウメバチソウだった。リンドウも咲いている。

妙法山手前に二万五千分の一地図には表示のない池があるところで休憩。なぜこの池が表示されていないのか不思議である。ここで先発の五人組に追いついた。ここから十五分の登りで妙法山に到着。妙法山の登りは少しの間だが崩れやすい岩場である。頂上には木がなくかつ狭いが、360度見渡せる。

白山方面は少しガスがかか

もうせん平

ってきた。野谷荘司山方面は四つほどの峰が見える。どうも四つ目が野谷荘司山のようだ。妙法山からは急な下りになる。また上りになりいったん平坦になり、さらに登るともうせん平に着く。湿地のなかに神庭池があるが、これは地図に表記されているものの、先ほどの池に比べればずっと小さい。休憩するにはもってこいの場所である。真っ赤に紅葉した木があったが何の木なのだろうか。離れていたので確認できなかったがナナカマドではないようだ。もうせんの名が付いているくらいだから、モウセンゴケが多いのだろうが、登山路から湿地には踏み込めないので遠くから眺めただけなのでわからなかった。また、小さな石仏が安置されているのが印象的であった。

　やがて右下に野谷橋、鳩谷ダム湖が見えてくる。野谷荘司山の上りになる手前に崩れた箇所があり、わずか10mほどだが通行止めの表示があるもののすぐ左側に迂回路がある。

　野谷荘司山の山頂は登山路の一部のようで山頂という感じがしない。旧知の関山岳会が掛けた山名板があった。ここから約十分の下りで三方岩岳と鶴平新道の分岐になる。鶴平新道を下りる。下りだすとすぐに岩場となり北側がガレていて、スッパリ切れている。急なザレ場も続き緊張が走る。

　雨が降ったりガスったら大変危険である。慎重に下りる。やがて痩せ尾根になるがここも十分注意して降りなければならない。以前登った三方崩山よりよほど危ない感がした。赤頭山で先行していた五人組にまた追いつき、先を譲ってくれたのでここで追い越す。

　低木の尾根を過ぎると深いブナなどの広葉樹林帯となる。このブナ林が林道近くまで延々と続いている。立派なブナ林で新緑の頃に是非訪れたい所である。秋の紅葉の後は落葉で登山道が埋め尽くされて、一時的に道がわからなくなる時があるほどだ。なおも下っていくと歩きにくいガレた道になり、ブナ林が杉の植林に変わるとようやく林道に出た。杉の大木が見えてきて、大窪の墓石の横の登山口に下り立った。

　ここでは野谷荘司山から鶴平新道を下っているが、後日三方岩岳へ登ったところこちらの方が道がしっかりしているので、少し遠回りとなるが飛騨岩の分岐からスーパー林道料金所に下った方が安全だろう

　停めておいた車に乗り、もう一台停めてある大白川の登山口を目指す。野谷橋から野谷荘司山を見上げると山頂付近はガスがかかっていた。小雨もパラつきだす。大阪からきた青年は大丈夫だろうか。途中の息の弾み具合では我々よりかなり遅れたと思われるだけに心配であったが、今更どうしようもない。

　大白川の駐車場は来た時とは違いガラガラに空いていた。

　帰りに平瀬のしらみずの湯に入り三日間の疲れを癒した。

（記・村田）

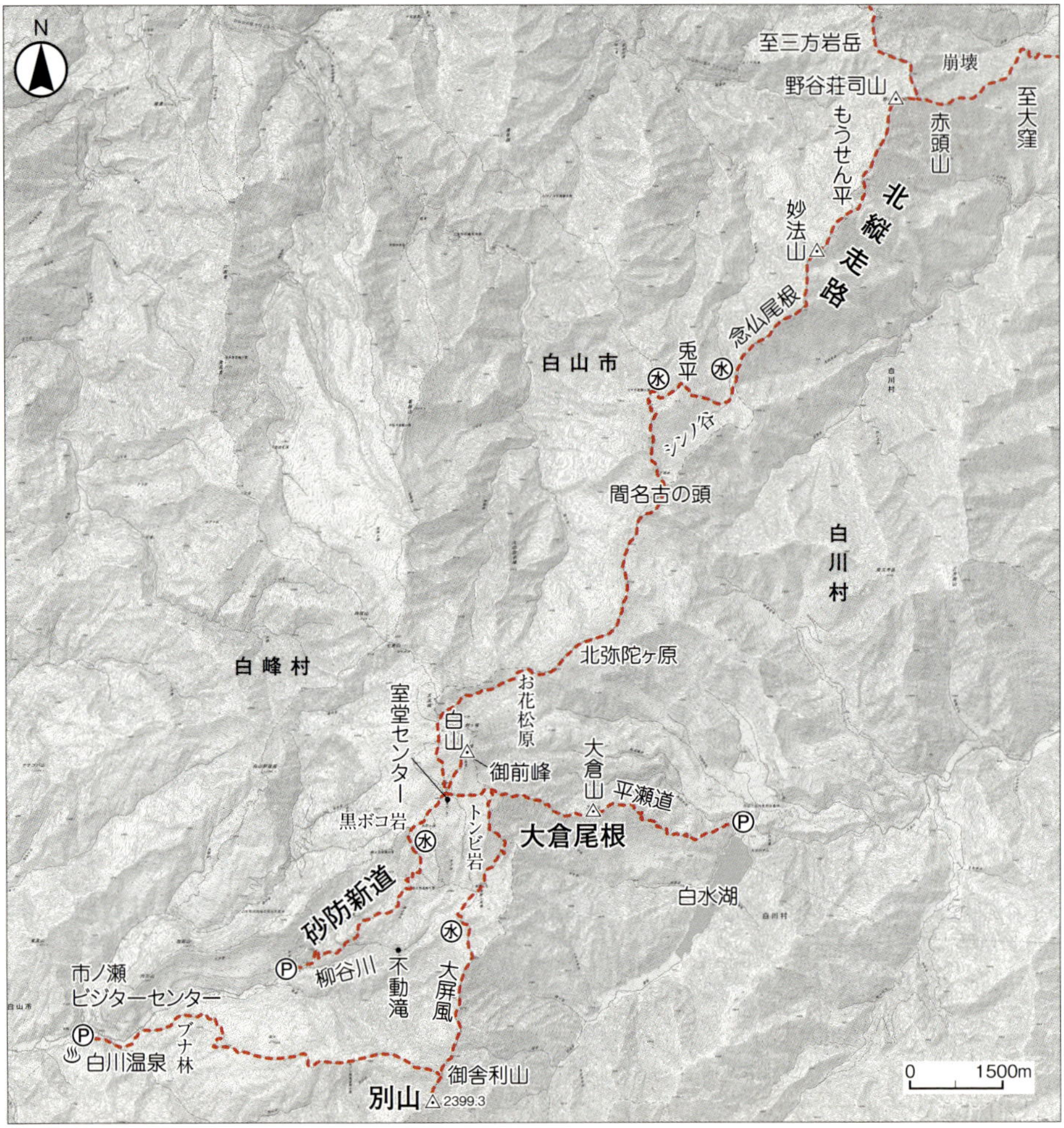

［地図］国土地理院の電子地形図 25000 を掲載

［第 2 日　コースタイム◉ 4 時間 20 分］
室堂……（1 時間 30 分）……2,349m 地点……（1 時間）……地獄覗……（50 分）……三俣峠……（1 時間）……ゴマ平避難小屋

［第 3 日　コースタイム◉ 6 時間 45 分］
ゴマ平避難小屋……（1 時間）……シンノ谷……（2 時間）……妙法山……（2 時間）……野谷荘司山……（15 分）……分岐……（1 時間 30 分）……林道

踏査年月日◉ 2009・9・21

34

日《ひ》照《でり》岳《だけ》

ポピュラーな残雪ルート

1751・3m

難易度◉　健脚度◉　地形図◉「御母衣」

山頂を望む

日照岳は御母衣ダムの西に位置する山で、残雪期の山として「山旅徹底ガイド」に紹介されて良く登られているようだ。国道一五六号線から直接取り付くことができるので、残雪の山としては登りやすい山でもある。最近ではこのルートの他にも一つ北の支尾根も登られている。

東海北陸自動車道を荘川で下り、国道一五六号線御母衣湖畔を下っていく。狭隘なトンネルが何箇所かあり、大型車はトンネル内でのすれ違いができないのと、カーブがきつくて見通しが悪いためスピードがだせず走り難い所であったが、いくつかのトンネル工事で比較的走りやすくなった。幸いなことに大型車がいなかったので走りやすく、近くに仮眠所も設営した。このダム湖のネイチャーランの日にちと重なり、国道沿いには所々テントが設営されていた。登山口は国道一五六号線尾神六号洞門を抜けたところで、湖畔側には広場があるが四月中旬までは雪で埋まっている。

小沢右岸の擁壁の階段から入り、崩壊防止のネットに掴まって少し登り、壊れた橋で左岸に渡って急登し支尾根上の巡視路にでる。巡視路の北側はミズナラなどの広葉樹林、南側には落葉松林があり、山間の春はまだ浅いが落葉松は芽吹きが始まっていてきれいだった。また、小沢の入り口にはミヤマカタバミが薄いピンクの花を咲かせていた。

支尾根上には送電線が南北に三本横切っていて、最初の送電線は北に鉄塔を見ていき、次の二本は支尾根上に鉄塔が建つ。はじめの鉄塔下辺

残雪の登路

白山を遠望

りがかなり急登である。足元にはショウジョウバカマ。二本目の鉄塔からは展望が開ける。鉄塔の近くには、イワナシの小さな花。この鉄塔から左手に道が下っていっているが、登路は支尾根上の踏み跡である。この踏み跡は１４１０ｍの小ピークまで続いているようで、この支尾根の一本南の支尾根との間が植林されているので、この植林用に付けられた道のようだ。この道のお陰で、心配された藪漕ぎはかなり軽減された。支尾根の北側にはタムシバの花が咲き、足元にはイワウチワ。１２５０ｍ辺りからは雪がでてきて、雪の上を行ったり、踏み跡を拾っていったりである。

１４１０ｍピークからは展望が広がり、日照岳も見えてくる。山頂から下ってくる支尾根は、保谷へ向かって湾曲していて、このピークで支尾根は北東へ向きを変えている。御母衣湖の向こう側、深い谷から稜線に上がったところが森茂峠、これより北に連なる栗ヶ岳から御前岳、猿ヶ馬場山、籾糠山などの稜線はまだ雪がしっかり残っている。

１４１０ｍピークからは日照岳を望み、ブナなどの疎林の気持ちの良い雪稜が続くが、油断すると時々雪を踏み抜く。

ネマガリタケの藪漕ぎがでて来て、１６４５ｍのピークに立つ。このピークの辺りは笹の背が低く、藪漕ぎとしては楽な方である。続く痩せ尾根も、雪庇崩れの雪の塊の上を行ったり、ネマガリダケの藪を漕いだりである。雪稜を行くときはピッケルを手に持ち、藪漕ぎに入るときにはピッケルをアルペン差しである。

保谷の上部で支尾根は北西に回りこむ。山頂も近づいてくる頃、頂稜の手前にはネマガリタケの茂った場所があり、これを抜けると広い雪稜であった。大きな栂の木が二本立っていて、良い目印である。緩い雪稜を登っていくと山頂であった。山頂の三角点標石は、藪の中からメンバーの一人が見つけ出した。山頂からは、白山から別山へ連なる稜線が白く大きい。白山の御前峰が白く鋭い峰を見せ、その向こうに大汝峰が黒々と尖っている。

日照岳は１４１０ｍ峰までは踏み跡があるので、雪庇の崩落の危険や下半が緩い雪のラッセルとなる三月よりも、四月に入ってからの方が良いのではないだろうか。ネマガリダケなどの藪をかなり漕いだ割には、大休止、小休止の時間を入れて七時間弱とはまずまずの行程時間であった。

帰路、１４１０ｍ峰からは東に広い尾根が広がっているので、御母衣湖の対岸の地形から地形図上の特徴的な地形を見つけ出し、これによって下るべき支尾根を確認した。この方法は、今回は御母衣湖というわかりやすい地形であったが、林道であるとか谷であるとか山の麓などの地形が確認できればこれを目標に下山の方向を決めるのに良い方法かもしれない。

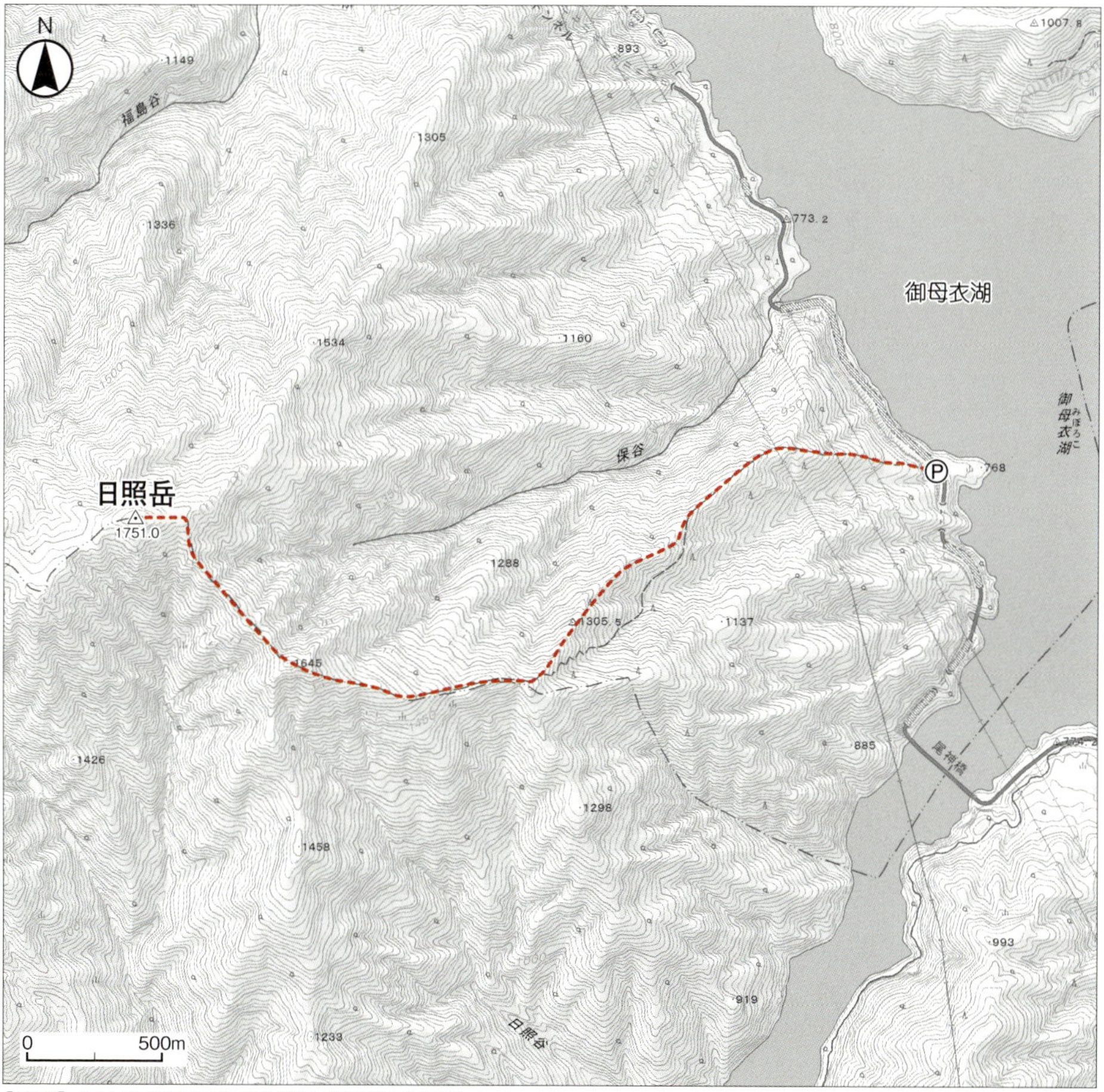

［地図］国土地理院の電子地形図 25000 を掲載

［コースタイム◉ 6 時間 50 分］

洞門出口広場 ……（40 分）…… 鉄塔二本目 ……（1 時間 20 分）…… 1,410m 峰 ……（2 時間 20 分）…… 日照岳 ……（2 時間 30 分）…… 洞門出口広場

踏査年月日◉ 2003・4・29

35

素晴らしいブナ林からお花の稜線へ

三《さん》方《ぼう》崩《くずれ》山《やま》

2058・8m

難易度◉★★★　健脚度◉（靴3つ）　地形図◉「平瀬」「新岩間温泉」

三方崩山山頂

三方崩山へは、国道一五六号線を荘川から白川村へと下っていく。三方崩山登山口の道標がある。道路は荒れた急な林道となり、車高の高い車でないと上るのは難しい。

林道は途中から舗装されているが、更に急坂となる。コンクリートの擁壁がある広場が林道終点である。車は数台停められる。

擁壁の右手に階段が作られていて、ここが登山口となる。朝一番、蜘蛛の巣を払って階段を昇ると、左手の小沢からあふれた水が登山道を濡らしている。ゴロゴロした岩の登山道をしばらく登って行くと、整備された道となる。急登をこなして支尾根に上がる。左山で上るようになると辺りは素晴らしいブナ林となる。のんびりとしたい所だが先は長いのでゆっくりはできない。乗り越えるか下を潜るか思案の太い倒木に行く手を阻まれ、これを越えると山頂まで1kmの標識がある。

辺りが少し明るくなると、三方崩山から東に延びる尾根上に立つ。登山道の傾斜は少し緩くなり歩きやすくなる。太いブナの木も眺めながら登って行くと、四等三角点、泉のある小広場に着く。四等三角点からは急な尾根道となる。トラロープが張ってあるが、朝の内の道は濡れていて滑りやすく、しっかり足場を決めて登って行く。展望もなく、この区間が最もキツイところだ。

樹木が低くなると左手の崩壊地、白ガレの上に到着する。ここまでは急登、ここからはヤセ尾根で少しの岩場もあるので、ここで一息入れておこう。主に南側に切れ落ちているところが多いが、左右とも崩壊の上部を行くところもある。トラロープや鎖もあるが、草に隠れた所もあり、しばらくは気を引

登路と帰雲山・猿ヶ馬場山

き締めていく。南側の斜面には、ニッコウキスゲ、ヨツバシオガマ、オトギリソウ、ホタルブクロ、シモツケソウ、カライトソウなど数は少ないが花の種類は豊富だ。

目指す三方崩山は崩壊地の荒々しい斜面を見せ、樹林に包まれている。振り返ると、帰雲山の大崩壊、大きく緩やかな山容の猿ヶ馬場山、御前岳へ連なる稜線が見えている。小さな登り下りを行くようになり、地形図に見える小ピークを過ぎると北面の崩壊が稜線近くまで迫ってきている。

西方には奥三方岳のゆったりした山容が見え、南に回りこんでいくと山頂である。時は丁度遅い梅雨明けの日、空は晴れ渡ってきた。山頂からは今しがた登って来た尾根が良く見下ろされ、来し方の登高を思い起こしながら、猿ヶ馬場山などを眺める。

ニッコウキスゲ

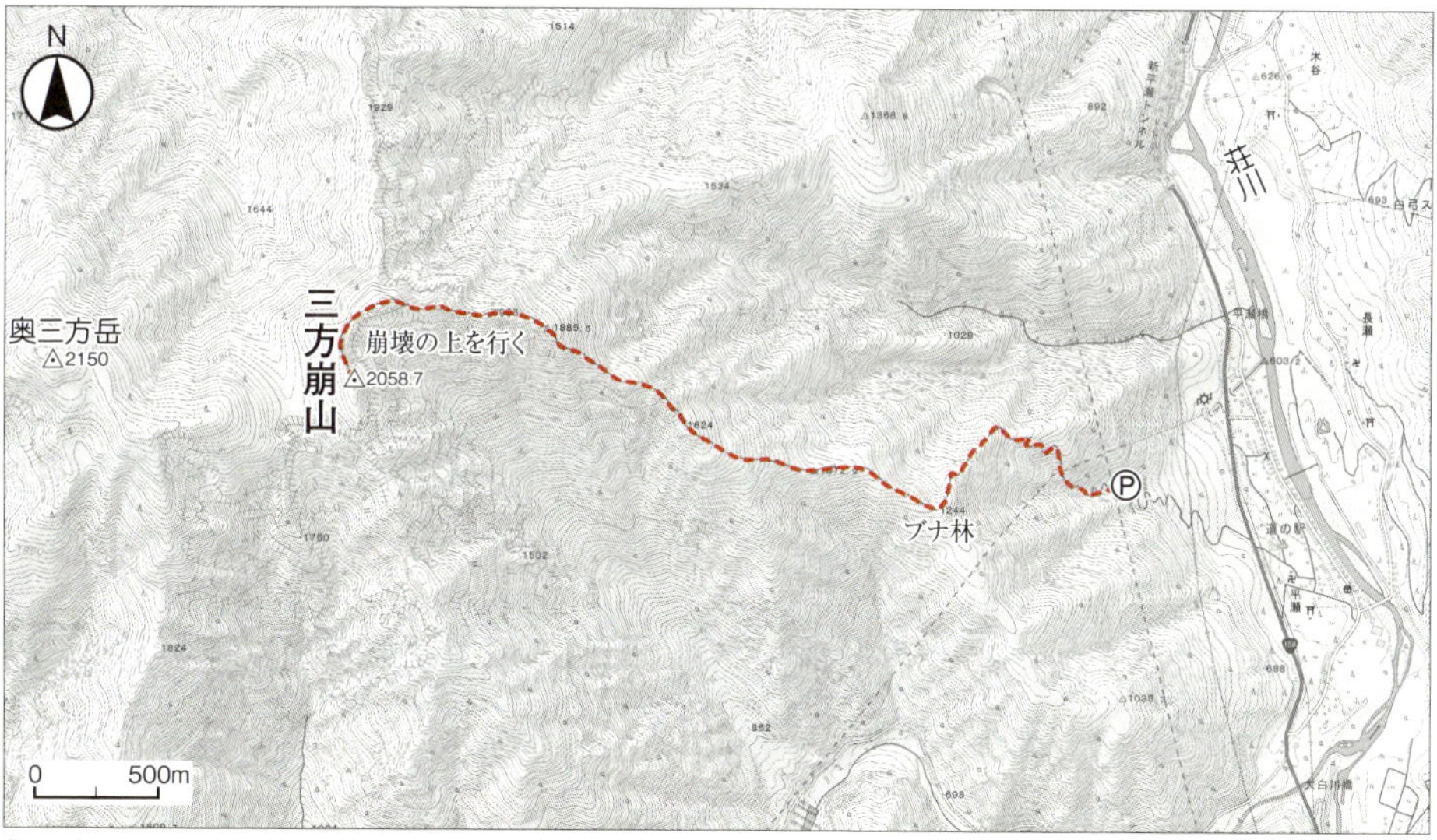

［地図］国土地理院の電子地形図 25000 を掲載

［コースタイム◉ 7 時間］
林道終点 ……（1 時間 30 分）…… 四等三角点 ……（50 分）…… 白ガレ ……（1 時間 40 分）…… 三方崩山山頂 ……（2 時間）…… 四等三角点 ……（1 時間）…… 林道終点
［立ち寄り温泉］ 大白川温泉しらみずの湯　平瀬、大人六百円、
電話 05769 − 5 − 4126
踏査年月日◉ 2006・7・30

36 三《さん》方《ぼう》岩《いわ》岳《だけ》～37野《の》谷《だに》荘《しょう》司《じ》山《やま》 1797・3m

樹齢三〇〇年のブナを訪ねて

難易度◉★★★★　健脚度◉

地形図◉2万5000分の1「中宮温泉」「岩間温泉」「鳩ヶ谷」「平瀬」

三方岩岳山頂

三方岩岳は白山スーパー林道三方岩駐車場からは短時間で登ることができるが、ここでは岐阜県側料金所横の登山口から登る。途中、ブナのこみちという場所では樹齢三百年のブナの林の中を行く。

十一月のはじめの入山。料金所には夜十時前に到着。辺りは料金所の灯り以外には真っ暗で、することもないのですぐに寝る支度。ワゴン車の椅子はフルフラットにはならないので、古い毛布を何枚か敷いてベットは出来上がり。冬用シュラフを入れたがまだまだ暖かい。窓から外を見るとほぼ満天の星空である。夏、黒部五郎岳の帰りにワサビ平小屋で見た星空はリアルに輝いている感じであったが、冬の星空のためか、どこか寒々しい。

朝、明るくなってくると、白川郷の谷は雲に覆われている。朝霧は晴れ、と言われているが、その朝霧が雲となって谷を覆っているのだろうか。良いように解釈して出発の準備。駐車場横にはオオバギボウシが枯れていて、ウリハダカエデが葉を黄葉させて地面に散らしていた。

登山口は料金所に向かって左手の駐車場横。はじめは林道の様に広いが、旧国鉄貨物車を利用した倉庫の広場から登山道となる。はじめの内は刈払されていて良く整備されている感じ。古い標識を見て登って行く。白川郷の谷の雲はゆっくりと動いている。今年黄葉が多く、登山道は落葉に覆われていて、時折道を外しそうになる。四十分ほど登って支尾根上に出た。支尾根上はブナ林で、その向こうには雲がゆっくりと動いている。カエデの大木が倒れているのを越えていくと、スーパー林道が見える。見事なブナ林に差し掛かり、水の湧くような音が辺りから聞こえてくる。静かにしていると、その音は辺り一円から聞こえてくる。朝露に濡れたブナの枯葉に陽が当たって乾きながら立てる音だとやっとわかった。静かな湖畔のさざ波のように聞こえてくる。小鳥のさえずりも三～四種類聞かれるが、姿は良く見えず、もちろん名前もわからない。しばらくはブナの純林が続く。

やがて白川郷展望台に着いた。ブナのこみちの入り口標識があり、東屋横が展望台となっている。白川郷の谷の向こうには北から、人形山、三ヶ辻山、牛首峠の遠くに北アルプスが白く輝き、右に先日登った籾糠山、残雪期に籾糠山と同時に登った猿ヶ馬場山と続き、残雪狙いが激薮を漕ぎとなって登った御前岳、この年の春の栗ヶ岳辺りは判然としない。皆懐かしい山々で改めて感動。展望台の下には水場が作られている。園地の

野谷荘司山標識

周りの木々には木の名前と説明書きの札が付けられている。初夏に白い花を咲かせるリョウブは枯れた花房を残していた。イタヤカエデは板屋楓と書くとは初めて知る。

ブナのこみちに入り登っていくと樹齢三百年とされる見事なブナ林となる。樹齢三百年のブナとはこれ程の太さか、と知ることができる。ブナ林を三十分ほど登ると更に展望が開ける。猿ヶ馬場山などに隠れていた北アルプスが全て姿を現す。黒々とした剣岳から薬師岳などの緩やかな山並み、槍ヶ岳から西穂高岳までの急峻な山々まで、白く輝いている。樹相はイヌツゲ、アカモノなどが低層に生える低木帯に変わり、飛騨岩が見えるようになる。飛騨岩は稜線に聳える要塞のような岩峰で、三方岩岳の１７３６ｍの標高点はこちらになる。更に登って振りかえると北アルプスがまた一望され、白谷の上部斜面が荒々しい地肌を見せている。オオシラビソの林を抜けてジメジメした溝状の道を行き、更に飛騨岩が間近、左上に見ながら主稜線に上がると三方岩岳は近い。

山頂からは南に三方崩山、奥三方岳、白山、北には残雪期に登った笈ヶ岳、大笠山から奈良岳への山々が連なる。北アルプスは剣岳から乗鞍岳まで見渡せる。こちらから見る白山は高山植物の花の山のイメージではなく、荒々しい火山の山を見せていて、白く雪を被っていた。三方岩岳がこれほど多くの山を見渡せられる展望の山とは改めて知った。三方岩駐車場からは地元の人や京都から来たという人が登って来た。

野谷荘司山へは稜線を戻りオオシラビソの林へと登って行く。林を抜けると痩せた尾根となり足元がスッパリ崩れている所、低木に崖が隠されて下が見えないような所、と危なっかしい道が続く。小石の落ちる様な音も聞こえてくる。霜柱が融けて持ち上げられた小石などが谷に向かって落ちているらしい。

再びオオシラビソなどの林に入る。オオシラビソは立ち枯れが目立ち、ダケカンバ、ブナが混じっている。オオシラビソの平坦な所ではホットして落ち着くようだ。再び崩壊谷の上部に差し掛かり、白谷が一直線に落ち込んでいて、丁度料金所の建物などが見える。野谷荘司山への分岐に着いて、山頂へは二十分程

で到着した。
　小休止の後、分岐から鶴平新道を下った。鶴平新道は白山北稜線の項を参照。

晩秋の三方岩岳の登り

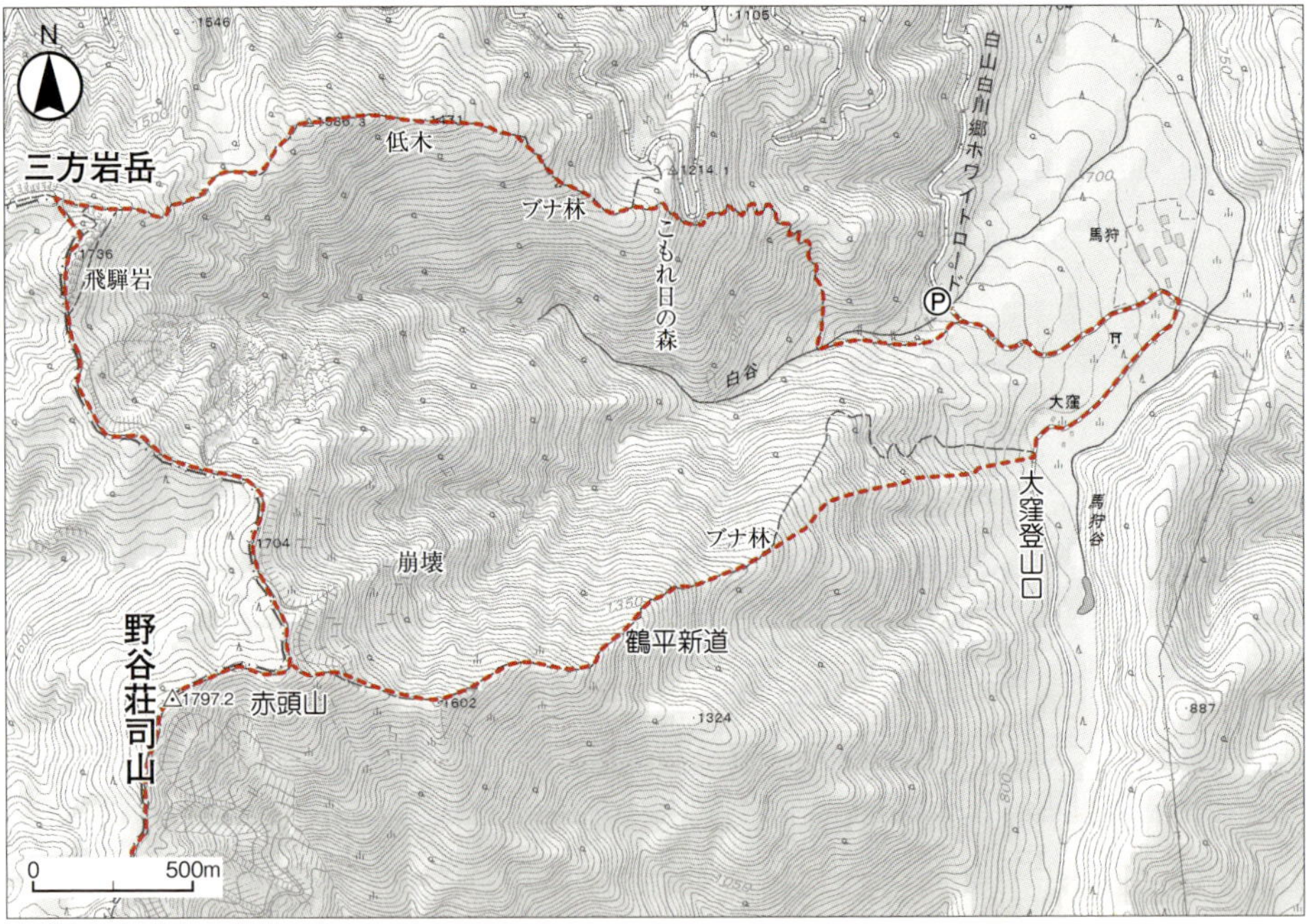

[地図] 国土地理院の電子地形図 25000 を掲載

[コースタイム◉ 7 時間 30 分]
白山スーパー林道料金所……（1 時間 20 分）……白川郷展望台……（2 時間 10 分）……三方岩岳……（1 時間 20 分）……野谷荘司山……（2 時間 10 分）……大窪登山口……（30 分）……白山スーパー林道料金所
[日帰り温泉]　白川郷萩町中にある白川郷の湯。緩やかな庄川の流れを眺める露天風呂が山旅の疲れに心地よい温泉。　踏査年月日◉ 2013・11・9

38 御《ご》前《ぜん》岳《だけ》

激薮漕ぎを制して残雪の稜線に立つ、

１８１６・５ｍ

難易度◉

健脚度◉

地形図◉「平瀬」

御前岳は庄川の東側に連なる尾根にあり、北の天生峠から籾糠山と、栗ヶ岳の中間に位置する。

登山道の記録はなく、残雪期を狙っての登行となる。また白弓スキー場から山スキーでの記録も見られる。他に南東の栗ヶ岳から残雪期に縦走する手も考えられる。

前夜は、平瀬付近での仮泊となる。白弓スキー場の北でなお谷の林道に車を乗り入れ、なお谷沿い高く林道を行くが、すぐに残雪と土砂・倒木等のため２㎞ほどしか入れず、車止めとなった。落石の危険もあるので林道の谷側一杯に車を寄せて止める。野々俣谷の大きなヘアピンカーブを越え、尾根の取り付きまでは３・５㎞ほどかかった。今回のルート、御前岳の北から西南西に落ちる尾根は明瞭で、なお谷に少し林道を回り込んだところから取り付いた。

はじめの内は広葉樹林帯で下草も少ないが、すぐに笹薮帯となり、登行のほとんどは笹薮漕ぎとなった。

幸い笹の稈《かん》はそれほど手強くなく、適当に赤布を付けながら登っていく。やがてシャクナゲが現れ、所々岩場を巻いてシャクナゲなどを漕いで行く。そこからも休むことない激薮との闘いとなる。

今回は時期が遅いのかずっと薮漕ぎとなり、遅々として進まない。残雪の上を歩けるようになったのは１６００ｍ付近であった。

残雪の上を歩くようになると行程もはかどる。この日は天気も快晴で快適な登行となった。背後に白山連峰が神々しく望まれる。登り付いたのは１８３５ｍのピークで、ここは目指す御前岳よりも標高が高い。

ここから雪原の彼方に目指す御前岳までは地図上で一時間ほどの距離ではあるが、下山の時間を計算するとギリギリの時間となった。回り込んで主稜線に立ち、南下していく。アップダウンがあるが、雪は締まり歩きやすい。

残雪には踏み跡も残されていて、主稜線の縦走者のものと思われた。

御前岳は、何故か山頂付近だけ雪がなく、ヤブの中に一等三角点がむき出しになっていた。強風で雪が吹き飛ばされているのだろう。山頂では、白山・北アルプスなど３６０度の展望が楽しめた。

下山は、主稜線を戻り登りの尾根を下った。

林道に下り立つのと夕闇が迫ってくるのとは競争であった。薄暗くなってくる林道を淡々と歩く。気温が上がって斜面の雪や土などが緩み、林道には落石が増えていた。

車に戻ってからも、時折車を降りて落石を除けながら国道に戻った。

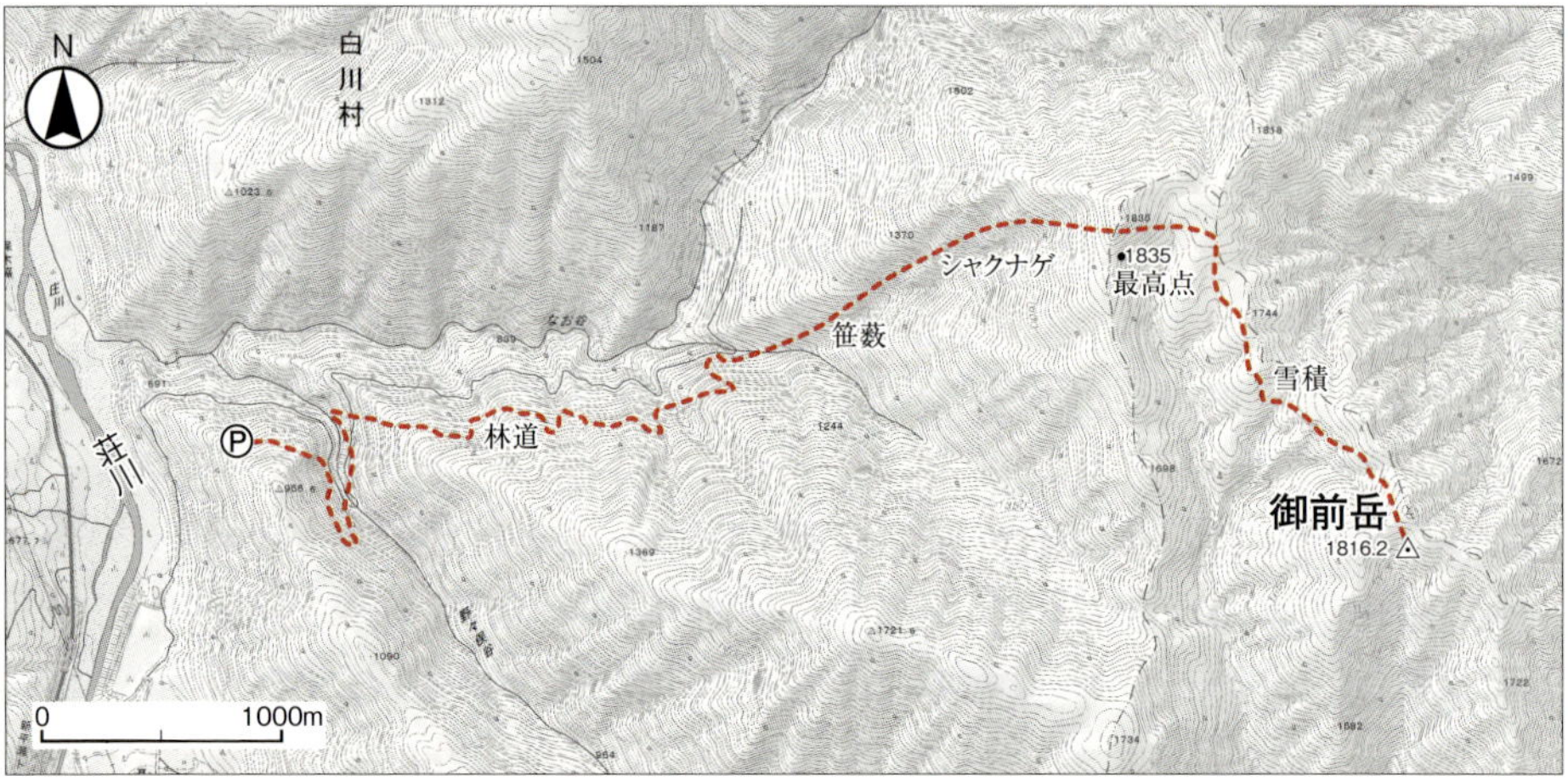

［地図］国土地理院の電子地形図 25000 を掲載

［コースタイム◉ 12 時間 10 分］
なお谷林道車止め ……（1 時間 20 分）…… 尾根取り付き地点 ……（4 時間 40 分）…… 1835 m ピーク ……（1 時間）…… 御前岳山頂 ……（1 時間）…… 1835 m ピーク ……（3 時間 10 分）…… 林道出合 ……（1 時間）…… なお谷林道車止め

踏査年月日◉ 2008・5・4

やぶ山ばなし

登山届け“提出義務化”の動き……

近年、岐阜県・長野県では登山届提出の義務化が始まっています。岐阜県では北アルプス一帯と御嶽山、長野県では県内指定山域が条例により提出が義務付けられています。

この両県に加えて、石川県でも2017年2月県議会で条例が制定され、白山山域に関して登山届提出が義務付けられました。これによれば、火口域から半径4Km以内の山域で届出が義務化され、反映2Km以内の山域では罰則（過料）が課されることになります。（ただし、罰則規定は届出状況を見て2年以内に適用開始。）

この範囲には通常の白山登山道がほとんど含まれます。この山域に入る場合は、県のホームページなどを参照して、登山計画書の提出をしてください。

また、岐阜県では登山届を提出せずに北アルプスを登山した登山者1名に対し、県山岳遭難防止条例違反として過料5万円を科したと発表されています。2016年12月に罰則規定を施行して以後、適用は初めてとのことです。

39 籾《もみ》糠《ぬか》山《やま》

天生湿原の自然探勝路を巡る

1744・3m

難易度◉★★　健脚度◉👟👟　地形図◉「鳩谷」「平瀬」

籾糠山山頂にて

籾糠山は天生県立自然公園にあって、天生湿原、木平湿原など高層湿原を巡る自然歩道より登る。東海北陸自動車道がほぼ山頂直下をトンネルで抜いていて、湿原の水量が減るのではないかとも云われている。西側には猿ヶ馬場山も近く、残雪期に登るには東の栗ヶ谷から入り、横谷に架かる橋の右岸より支尾根を登るルートが取れる。

天生峠へは荻町より国道を延々と上る。途中、織砂谷にかかる中滝を見る。この日は直前の雨のせいか水量が多いようだ。天生峠の駐車場は上下二段、登山者用は上段の駐車場とある。登山口にはテントが張られていて、環境整備推進協力金を徴収している。500円を支払い、立派なパンフレットをいただく。峠から東の河合町へ下る国道は通行止めとなっている。天生峠より天生湿原を経て、カラ谷登山道、ブナ探勝路、木平探勝路の三本の道が籾糠山に向かって付けられている。今回はカラ谷登山道を登って籾糠山、木平探勝路より下山するコースを取る。

峠より自然林の中を登り始め、小さな流れを渡って登り返すと天生湿原へと出る。夏にはワタスゲが白い小さな花を揺らし、ニッコウキスゲ、ササユリ、キヌガサソウなどが湿原を彩るが、今回は秋雨の日で、湿原の植物も枯れて彩はない。天生湿原は時計回りの一方通行が指定されている。

湿原から少し下って流れに出て、カラ谷登山道へ向かう。チェーンソーの音が響いていて、倒木などを加工して登山道の整備をしている方に出会う。

木平湿原へ向かう探勝路を分け、谷筋を行くとカツラの大木の茂る林、カラ谷に入っていく。カツラの木は皆大木で、街路樹に植えられているものとはまったく趣が異なる。株立ちしやすい木だが、樹高はずっと高い。ひと際大木のカツラ門という木は、植生保護の為立ち入り禁止のロ

天生湿原

ープが張られている。

　木平湿原分岐、籾糠分岐を経て丸木の階段の急登をこなすと籾糠山山頂である。山頂は狭くて休憩も入れ替わって取る。足元の低い木はシラタマノキの様だ。

　山頂から木平湿原まで戻り、木平湿原に向かう。ブナ、ダケカンバの林の下層のナナカマドも既に葉を落としていて赤い実だけが残っていた。場所によっては猿のせいだろうか、実のなくなった赤い小枝だけが落ちているところもある。時期が遅いのか、夏の気候が良くなかったのか、黄葉ばかりが目立った。木平湿原は小さな湿原で、立ったまま小休止。木平湿原よりはしばらく緩やかな下りを経て、急な丸木階段の道を下る。カラ谷分岐に出れば、時計回りで天生湿原を通って、峠に戻る。

　日帰り温泉は、白川郷荻町の白川郷の湯が便利。

ギンリョウソウ

［コースタイム◉ 5時間 10分］
天生峠 ……（50分）…… カラ谷分岐 ……（2時間）…… 籾糠山 ……（1時間）…… 木平湿原 ……（1時間 20分）…… 天生峠　踏査年月日◉ 2013・10・27

40 有《う》家《け》ヶ原《はら》

ブナの新緑に抱かれて登る

1263・2m

難易度◉★★★　健脚度◉👟👟👟　地形図◉「鳩谷」

三等三角点にて

今回の踏査に先立つ前年の三月、残雪の有家ヶ原を狙って訪れた。前夜、道の駅白川郷で仮眠し、朝起きると快晴であった。真っ青な空の下、周りの山々は白く覆われていた。国道では雪が消えていたが、登山口の有家ヶ原集落に着くとやはり周りは雪に覆われていた。田畑を埋め尽くす雪は固く締まっていて、触ると氷の様。村道も一部を除いて雪に埋まっていて登路の方向はやはり雪に埋もれている。地形図により、有家ヶ原集落の北側の支稜には送電線用と見られる林道が上っているのがわかっていて、それは支稜の中腹を斜めに上がっているのが良く見えた。しかしほとんどが雪に埋まっていて、淡々とした林道歩きという訳には行かないように見える。集落辺りの雪がガリガリに凍っていることから、林道の雪も当然凍っている。これをアイゼンがあるからと言ってトラバースしていくのは神経を使うし、林道の下の斜面も雪に覆われている。これはスリップ・滑落の危険を伴いながらの長いトラバースを覚悟しなければならない。——などと考えていると、これは急に今日は止めよう、と思い立ち中止を決めた。天気は良いし残念だが止むを得ない気持でもあった。

帰路、荻町の展望台で白山方向の展望を楽しみ、白川郷の湯で朝湯に浸かり、普段は立ち寄らない帰雲城址に寄って写真を撮った。平瀬から御母衣ダムを上がる頃から曇ってきて、ダム湖畔に車を走らせる頃には何と吹雪いてきてダム湖対岸の山々も吹雪に霞んでしまった。僅か二時間ほどの間にて天候の急変には驚かされ、朝の中止は虫の知らせなのだろうか、と奇妙な気持ちで帰路に着いた。

さて今回（二〇一五年）は春の残雪期は逃してしまい、ブナの新緑の時期を狙っての

残雪を踏んで

山行となった。

有家ヶ原は集落の名前でもあり、三等三角点の名前でもある。朝、集落に着くと辺りは未だ朝の静けさのままだ。前回と同じ丁度良い位置――かき餅工房の空き地があった。こうした時には駐車場所でのトラブルを避ける意味と、万一の場合の対応も含めて何処かの家を訪ねて挨拶し、併せて山の情報も得るようにしている。民家に近付いて行くと幸い人が出てきたので、駐車場所の了解が得られた。

林道を歩き始めると畑の人が、「熊がおるよー。」と言う。これまで春の山で熊のいる雰囲気は感覚的にはなかったが、しばらく林道を行くと大きな糞がしてあった。大きさから見て熊以外にはない大きさであった。畑の方の注意は脅しではなかった。おしゃべりしながら行こうね、と歩く。

林道は山裾を大きく回り込んで行く。ウツギやガクアジサイ、キケマン、ホウチャクソウなどお花が豊かだ。送電塔のための巡視路があり、これを登山道として登っていく。チゴユリに迎えられて山道に入っていく。結構な急登だ。乾燥した落ち葉で滑りやすいが、素晴らしいブナの森が広がっている。わくわくしながら登っていく。見渡す限りブナの木だ。若い樹もあれば、2～3本くっついたような大木もある。実生（種から発芽して成長）の植生が種類も多く見られた。新緑の葉っぱが陽に透けて鮮やかだ。優しい木漏れ日の中、息を切らせて登っていく。山は山菜の季節、スス竹、タラの芽、山ウドなどあるが、登山口には採ると罰せられますと書かれてあった。時々視界が開け、送電線鉄塔が建っており、白山の北に連なる山々の雄大な景色が広がる。鉄塔№L180では大展望である。反射板を見て1184mからはなだらかな斜面となる。窪みには所々雪が残っていた。三等三角点で昼ごはんを摂る。ハエのような小さい虫がたくさん寄ってきて、まさに五月蝿（うるさい）。

腰を上げ先に進むが、所々残雪に巡視路が隠されていて、道を探す。目指す北平山（1437.4m）へは送電線巡視路が稜線から外れて下って行き、稜線上は藪に阻まれた。珍しいというシデコブシの写真を撮って引き返し、送電線鉄塔毎に展望を楽しん

チゴユリ

ブナ林を行く

で下った。今回はブナの新緑狙いの目的が達せて良い山行であった。次は、黄葉の季節か残雪の頃か。また、ブナの森に抱かれに登りたい。

野谷荘司・三方岩岳

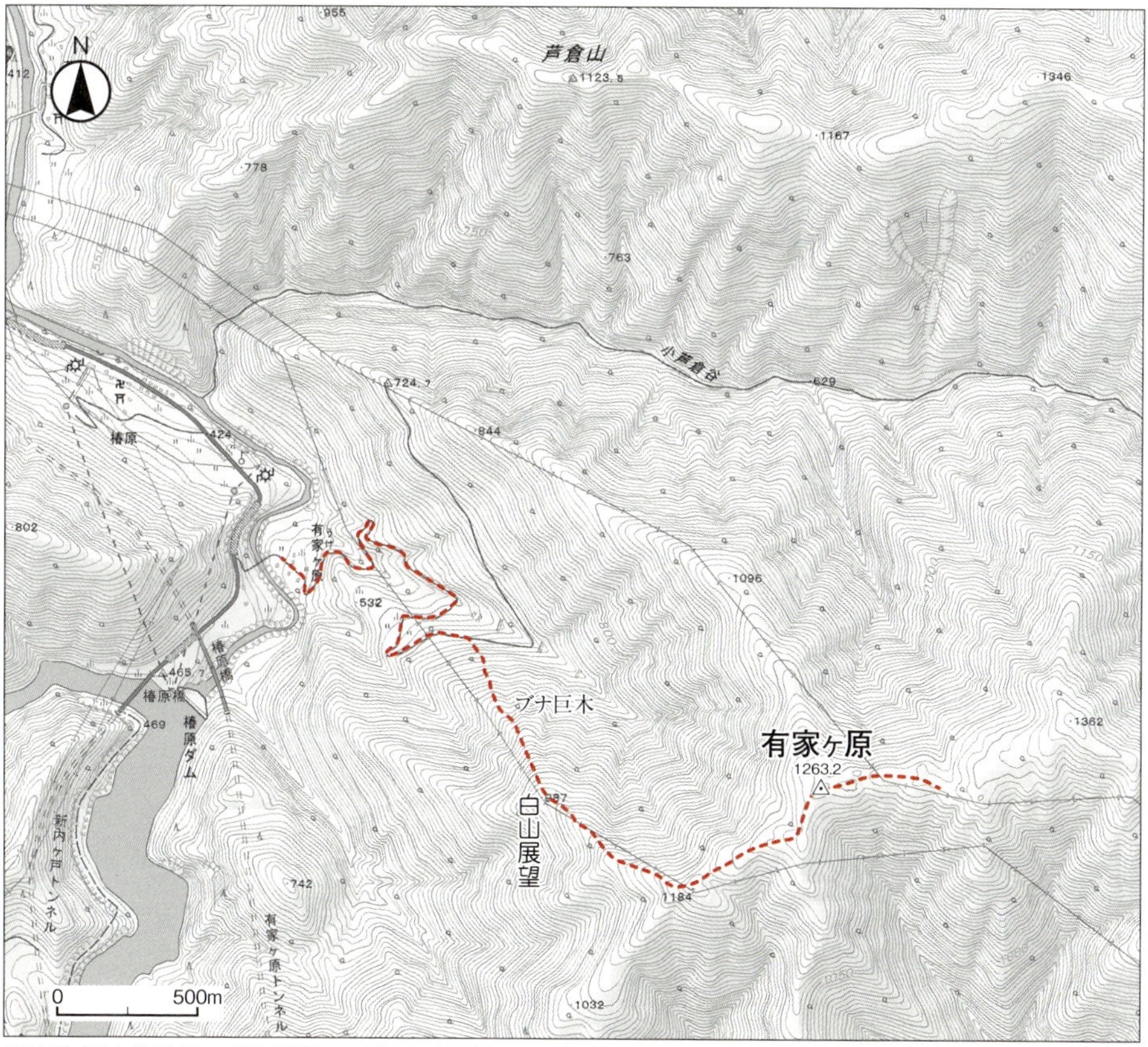

［地図］国土地理院の電子地形図 25000 を掲載

［コースタイム◉ 6 時間 50 分］

有家ヶ原集落……（40 分）……巡視路入口……（1 時間 10 分）……987 m……（1 時間）……1184m……（30 分）……三等三角点有家ヶ原……（30 分）……1362m（引き返す）……（2 時間 20 分）……巡視路入口……（40 分）……16：30 有家ヶ原集落

踏査年月日◉ 2015・5・24

41 芦《あし》倉《くら》山《やま》

人形山に連なる、白川郷最北の山を登る

1123・6m

難易度◉ 健脚度◉ 地形図◉「鳩谷」

山頂標識

芦倉山は白川郷の北のある山で、その西に派生する支尾根に送電線が走っていて、その巡視路の一部が登路として利用できる。残雪期には南にある有家ヶ原から三ヶ辻山を経て馬蹄形に縦走している記録も見られる。

前夜、白川郷道の駅で仮眠。国道一五六号線を北上し、椿原を過ぎて雪除けの洞道に入る。右側に出口を見つけて芦倉橋を渡ると登山口の芦倉集落に着く。わずか数件の小さな集落で、まだ静まり返っている。雪のない時は集落から南の田圃まで林道を行くことができるが、今回は集落の外れに車を止める。集落はまだ静まり返っている。

林道を歩き始めるとすぐに雪道となった。沢を橋で渡ると林道の分岐となり、左に取ると山側に送電線巡視路の標識があり、これより残雪を踏んで登り始める。この前年には下見に入っていたが、その時に付けた赤布は、付け方が悪かったのか雪の下に隠されてしまっていて、道らしきところを登って行く。珍しく新しい踏み跡――スノーシューの跡もあり、踏み跡を踏んだり離れたりして登った。踏み跡は巡視路から離れて直登しているようだが、ついこれに連られて植林地を直登気味に登った。鉄塔が二本現れて支尾根上に立った。

支尾根に出てからは雪が少なくなり、踏み跡のような所も登って行った。地形図では芦倉山の西で支尾根が分岐しているが、その辺りでは西に延びる支尾根に雪庇ができていて、その雪庇崩れが壁のようになっていた。壁の下をトラバースして尾根上に出て、雪稜を行くと古びた山頂標識を見つけることができた。

東から北東側には、深い谷を隔てて三ヶ辻山と人形山が遠く望まれ、南には前年登った有家ヶ原が望まれた。天候は曇りで、空はどんよりして

林道入口

いて余り快適な残雪の山とも言えない。休憩は早めに切り上げて下山した。

支尾根の下りは、残雪から木の根などがでていて、これに足を取られないように気を付けて下った。二本の鉄塔の内、下の鉄塔で地形図と磁石を合わせて下降方向を慎重に決めて下り始めた。地形図に見るように方向を間違えると庄川岸の崩壊壁上や急な斜面となってしまうので、要注意な箇所であった。

植林地に入ると巡視路らしき所が分かりやすくなってきて、北上の右山でのトラバースに移ると、前年の赤布も見つけて林道にでることができた。日が照ってきて気温が上がり、雪が溶けて赤布を付けていた木の枝が跳ね上がったのだろう。集落に下り着いて登山靴を脱いでいると、空は晴れ渡ってきて、これではもっとのんびりしていれば良かった、というのは後の話である。

帰路、白川郷荻町の展望台に寄り、野谷荘司山などの展望を楽しんだ。

人形山

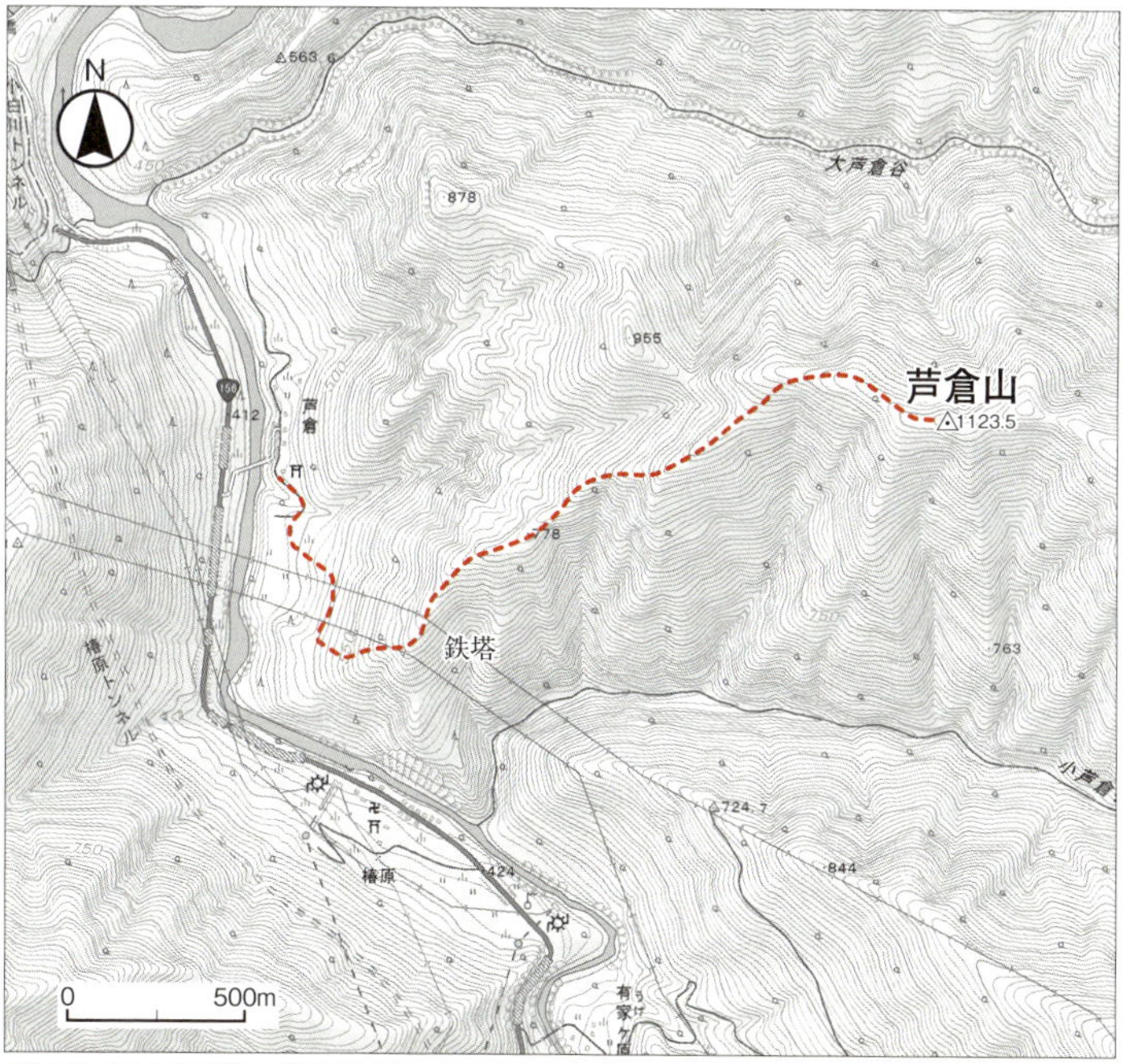

［地図］国土地理院の電子地形図 25000 を掲載

［第 2 日　コースタイム◉ 5 時間 40 分］

芦倉集落 ……（3 時間 40 分）…… 芦倉山 ……（2 時間）…… 芦倉集落

踏査年月日◉ 2016・3・6

42 奈《な》良《ら》岳《だけ》

ブナ林を登り加賀平野と剣岳を眺める山

1644・3m

難易度◉★★★　健脚度◉　地形図◉「西赤尾」

奈良岳山頂にて

赤魔木古山、奈良岳の登山口となるブナオ峠への林道は大雨の時には国道からのゲートが閉じられてしまうので、注意が要る。この時も宿へ向かう途中にゲートの閉まっているのを見つけて、あわてて役場に問合せをし、やっとのことで朝開くことを確認できた。

朝、国道から林道に車を乗り入れると熊の親子に出会った。左手の谷側から現れた熊は林道を少し逃げてから右手の急な斜面を駆け上っていった。遅れまいと付いて行く小熊は毛を波打たせて綺麗で可愛らしいが、車の中からでこそ、道で出会っていたらそんなのんきな事は云っていられない。また林道は煙硝街道ということである。

ブナオ峠に着くと既に何台か車が来ていた。奈良岳から縦走路が大笠山にはつながっていて縦走もできるが、桂湖の橋が壊れているので通行できない旨の標識が峠に立っている。以前あったというトイレはなくなっていた。

峠からの道は良く踏まれている。赤魔木古山へはブナの樹林が有名である。登りながら見ていると、ブナは10～20cm位のものが何本も並んでいる所と、一抱えもあるようなブナ一本が辺りを占めている所、とがある。ブナは成長に従い優勢なものが根を張り次第に一本の木に収斂されて太いものが辺りを支配するようになるという。丁度その両方の成長具合を見られるという訳である。

大門山への分岐にはベンチが置かれている。ひとまず大門山へ向かう。樹林の中の道を下っていき、登り返して山頂である。この日はまったくの快晴で、北アルプスの槍ヶ岳から剣岳までの大展望である。この秋最初の雪で、皆白く雪化粧である。分岐に戻り赤魔木古山に向かう。

赤魔木古山から急な尾根を下り、下り着いた所からいくつかの小ピークを越えていく。1407m付近は少しな

秋の縦走路

だらかな休憩ポイント。乗鞍岳、御嶽山も近付いてくる。見越山の登りにかかると急登で、岩場も出てくる。手も使って登っていき見越山の山頂である。

見越山からは目指す奈良岳が迫り、大笠山が大きな山容である。見越し山からはまた、西に白く光るドームが見えている。小松市のものということで、広く金沢辺りまで見晴らしていることになり、その向こうには日本海が広がっている。ブナオ峠まで車で上がっているので余り感じさせないが、1500m級の山まで登っているのである。奈良岳では大笠山に近付き過ぎるせいか、こちらの方が展望が良いという事で、見越山で帰ってしまう人も多いようだ。

奈良岳へは急な下りで、この時は笹の刈り払いのされた直後で奈良岳までが歩きやすくなっていた。奈良岳山頂にはリュックが三個残されていて、これは後から聞いたところでは、大笠山まで往復してきた金沢大学の大学生のものだという。その大笠山もぐっと近く見えている。大笠山からは前記のように桂湖へ下ることはできない。

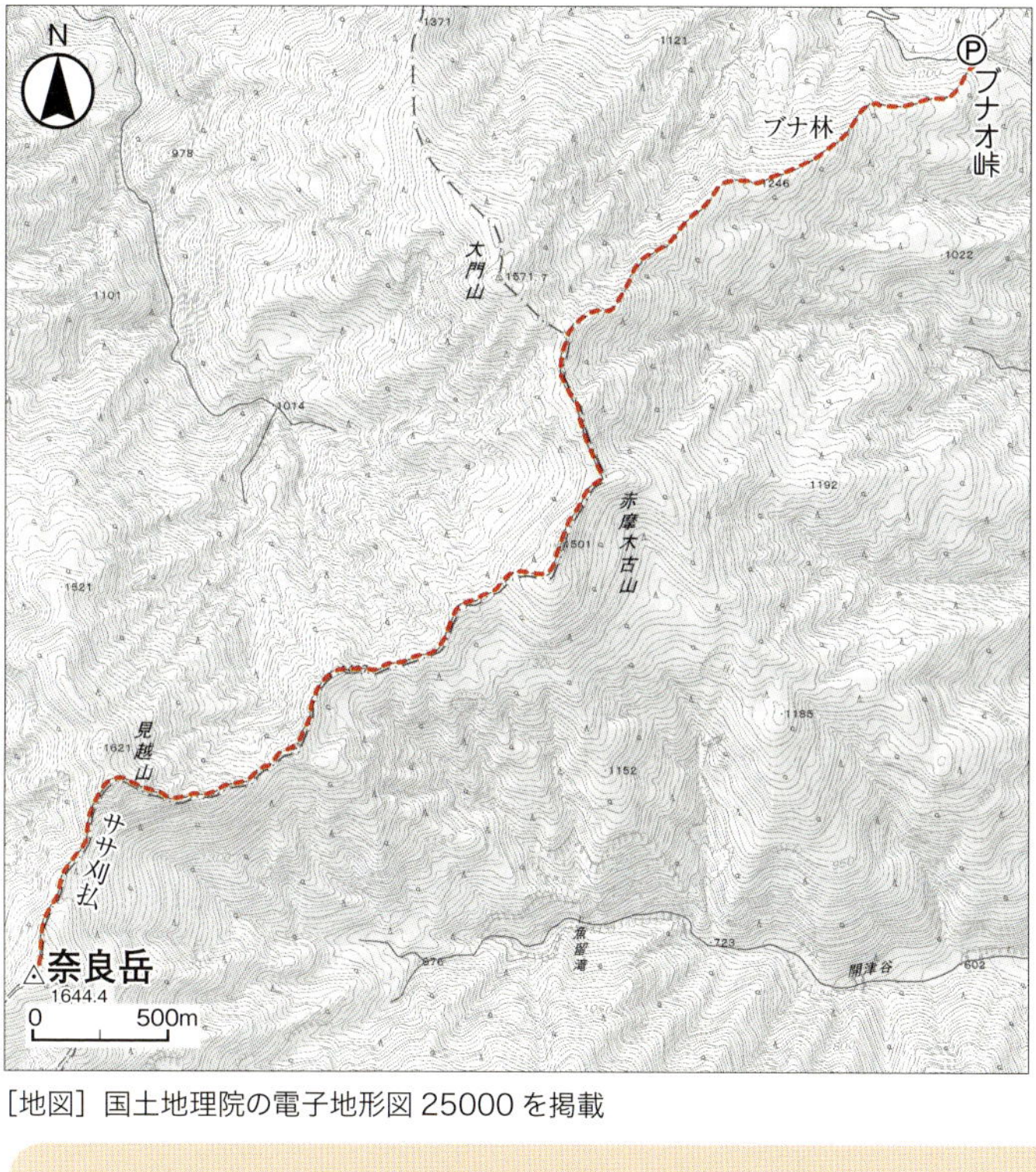

［地図］国土地理院の電子地形図 25000 を掲載

［コースタイム◉ 7 時間 10 分］
ブナオ峠……（1 時間）……大門山分岐……（20 分）……大門山……（15 分）……大門山分岐……（25 分）……赤魔木古山……（1 時間 40 分）……見越山……（40 分）……奈良岳……（30 分）……見越山……（1 時間）……赤魔木古山……（1 時間 20 分）……ブナオ峠
［立寄り温泉］くろば温泉　上平村。小原ダム湖を眺める温泉。
電話：0763 − 67 − 3741
［宿泊問合せ］上平村観光協会　電話：0763 − 67 − 3711
吉田旅館　電話：0763 − 67 − 3227

踏査年月日◉ 2006・10・29

リンドウいっぱいの山

43 人《にん》形《ぎょう》山《ざん》 1726m

難易度◎★★　健脚度◎

44 三《さん》ケ《が》辻《つじ》山《やま》 1764・4m

難易度◎★★★　健脚度◎

地形図◎「上梨」

人形山へ向かう

人形山は人形の形に残雪が残ることで良く知られている

山である。

取り付きまでのアプローチは、車利用となる。東海北陸自動車道荘川ＩＣより国道一五六号線を北上し、上平村の上梨、村上家前の大平橋を対岸に渡り、国民宿舎五箇山荘の下を通り、湯谷橋の手前を左折して林道に入る。林道が地道となって二本目の林道を左折し、林道高成線に入る。林道は山に上っていくが、急な崖の下を通るところもあるので、雨の直後などの進入は控えたい。

登山口への途中には中根山荘が建ち、新しく建物も建設中である。

林道の終点、登山口の広場は広く車が20～30台は止められそうであり、東屋も造られている。広場からは船頭川側に林道が伸びている。水も引かれているが、バルブが故障していて水を汲むのは不便である。

登山口からしばらくは良く手入れされた杉林が続く、比較的緩やかな登りである。この杉林の枝打ちが悪くなり、広葉樹との混交林となってくると、１２１８ｍの第一休憩所となる。第一休憩所よりは見事な太いブナ林が続く。

ブナ林の足元にはマイヅルソウがいっぱいで、葉は少し色あせてきている。オオカメノキの赤い実をふくらませている。

少し下って登り返すと１３８０ｍの第二休憩所。人形山が急峻な谷を隔てて、大きな山容となって姿を見せてくる。第二休憩所の先では、巨木というべき、太いダケカンバがオブジェのように横たわって道

県境尾根分岐

を塞いでいる。登山道沿いの樹林は低くなり急登である。8月中旬、登山道の脇にはリンドウが沢山列をなして蕾を付けている。

急登を登りきると視界が開け、鳥居の建つ宮屋敷跡である。宮屋敷跡よりはゆるやかな尾根道となり、前方には三ヶ辻山がピラミダルな形に姿を見せてくる。

県境稜線に出ると、人形山と三ヶ辻山との分岐である。分岐より人形山までは草木の低い明るい尾根を行く。山頂とその南の草付き広場、共に展望が素晴らしい。奈良岳、大笠山、笈ヶ岳、山頂付近の赤茶けた白山、水無山などが望まれる。

分岐まで戻り、三ヶ辻山へ向かう。こちらはネマガリタケや、ナナカマド、ウルシなどの潅木も多く道に被っている。道が崩れて岩の剥き出しのところもあって、登高は注意が必要である。三ヶ辻山も展望が良い。東には、御嶽山、乗鞍岳、穂高岳、槍ヶ岳などが遠望される。

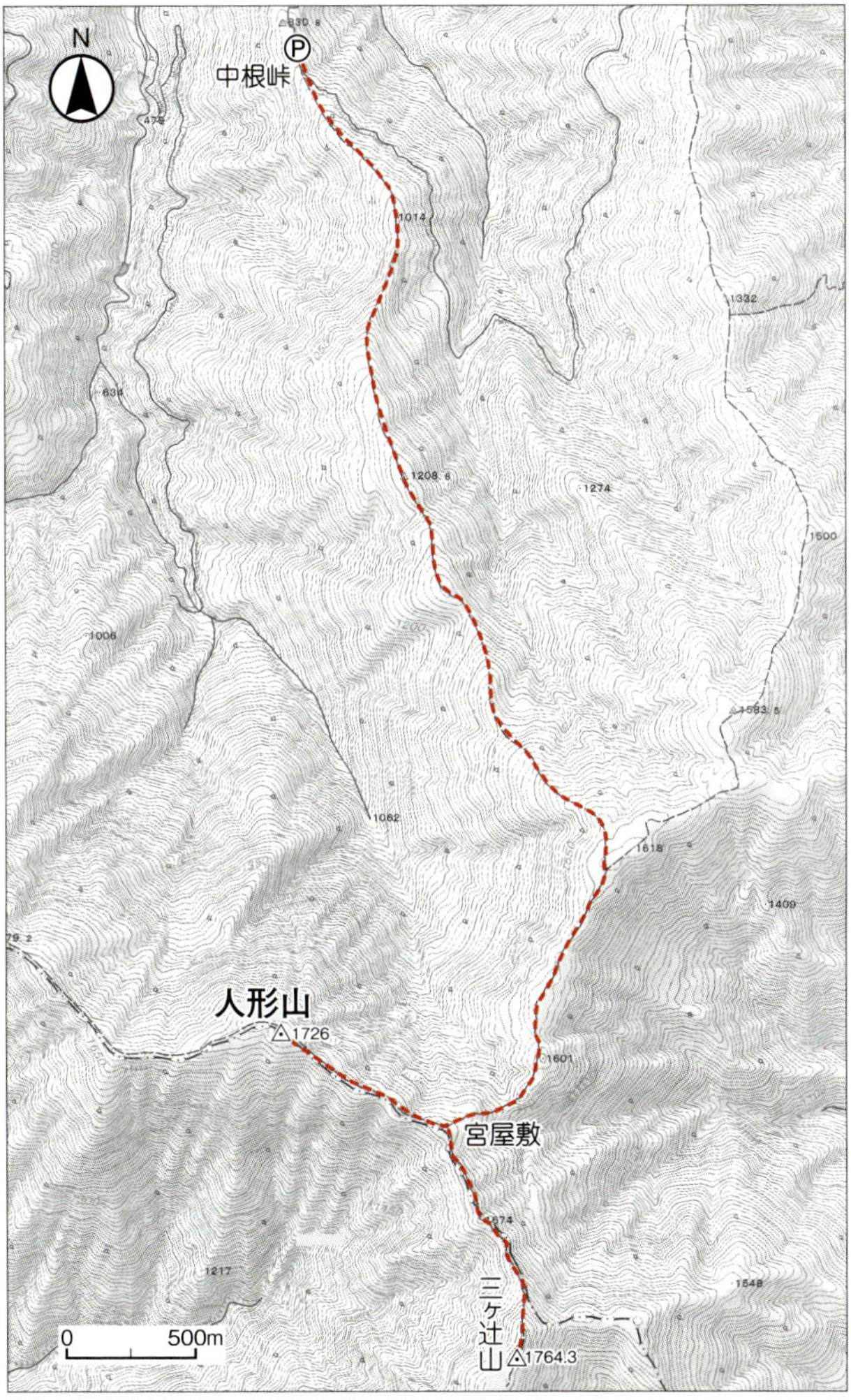

［地図］国土地理院の電子地形図 25000 を掲載

［コースタイム◉ 8 時間 15 分］

登山口広場……（2 時間 30 分）……宮屋敷跡……（50 分）……県界尾根分岐……（30 分）……人形山……（25 分）……分岐……（40 分）……三ヶ辻山……（30 分）……分岐……（50 分）……宮屋敷跡……（2 時間）……登山口

踏査年月日◉ 2005・8・15

やぶ山ばなし

笹枯れについて……………

筆者の所属する山岳会の加盟する、愛知県勤労者山岳連盟（愛知労山）は二〇〇五年より鈴鹿山系にて笹枯れ調査を、五年間に亘って行った。これは鈴鹿北部の御池岳、藤原岳などで笹枯れ現象が進んでいて、その調査をするように提起されたことに始まる。関心のあるメンバーを募り委員会を組んで十四ヶ所の調査地点を設け、各会の協力を得て定点観察の形で調査活動を開始させた。

調査を開始してみると、鈴鹿山系各地の様子は登山を始めた頃の一九七〇年代とは一変しているのが見られた。七〇年代は根の平峠から釈迦ヶ岳などの県境稜線、雨乞岳に至る道、鈴北岳付近、調査の発端となった御池岳などほとんどの登山道は深い笹に覆われて、笹をかき分け或いは笹の下をくぐるようにして歩くのがごく普通の姿であった。二〇〇五年の調査を始めてみるとほとんどの登山道沿いは膝下の笹が普通で、国見岳付近に背の高い笹が残るだけであった。岐阜の山など他の地域の山行が多く、鈴鹿については御在所岳付近辺りの山行ばかりで、その変わり様には改めて驚かされた。

しかし委員会のメンバーにはこの変わり様が鹿によるものだとはほとんど思われなかった。鹿食害の情報不足・認識不足ということもあったが、病気説や公害説などを議論し、中々鹿食害にはたどり着けない状態が続いた。転機となったのは、二〇〇九年一〇月、三重県林業研究所より主任研究員島田氏の参加を得て、御池岳・鈴北岳での観察会の折であった。島田氏からはそれらの地域に見られる笹枯れの様子は典型的な鹿の食害である、と指摘され笹枯れの原因については一件落着となった。実はこの前段でこの年の三月、笹枯れの原因について鹿の食害説では納得できないとして、鹿が原因ではない、と説明しにわざわざ委員会のメンバー三名で林業研究所出向いていて、それを受けての観察会への島田氏の参加であった。まったく汗顔の至りである。

この観察会で氏からは御池岳・鈴北岳などの笹枯れは鹿の食害による典型的なものであること、笹やイヌツゲの食害の痕跡、ディアラインという樹木の食害の跡、最大積雪計（飛騨、島脇谷山の岐阜大学演習林に設置されている）などについてご教示をいただいた。イヌツゲは食べにくいのか、刈り込むように食べられて、やがて枯死させられていく。

御池岳などのように広範囲に笹が枯れるのはかなり以前から鹿に依る食害があり、大凡人が気の付いた時には随分と笹枯れが進んでいることが多いということであった。

飛騨の山々に入るようになり、鈴鹿山系での笹枯れ調査の経験を思い起こしてみると、鹿の食害に依る笹枯れと思われる場所がある。本書で取り上げた山では、信濃柿と萩原の帯ヶ平、がそれに当たる。最近郡上市の山にはあまり入っていないので判らないが、飛騨川沿いは国道四一号線があるので、郡上から馬瀬川に出て上ってきているのではないだろうか。ニホンジカはアクシスジカというアジアのシカと近縁で、もともと草原性のシカである。脚は細いので雪の深い所や急峻な山は苦手だろう。つまり比較的雪の少ない所を北上しているのではないか、と思われる。国道四一号線を車で走っている場合、宮峠を境にして積雪量の違いを感じる、つまり宮峠の南では積雪量が少ないように感じられるが、シカの場合には逆にどこまで北上しているのか、今後山に入る場合にはシカの食害に注意して観察してみたい。

参考文献

『ぎふ百山』岐阜県山岳連盟、岐阜新聞社
『続・ぎふ百山』岐阜県山岳連盟、岐阜新聞社
『秋の野草』永田芳男、山と渓谷社
『関西ぶらり山歩き』岳人編集部、東京新聞出版局
『岐阜県の歴史』山川出版
『ぎふの名山名木』岐阜県林政部自然保護課、教育出版文化協会
『樹木〔秋冬編〕』永田芳男、山と渓谷社
『樹木〔春夏編〕』永田芳男、山と渓谷社
『石仏を歩く』庚申懇話会、ＪＴＢ
『地図の読み方』平塚晶人、小学館
『名古屋からの１００山』名古屋歩く会
『日本の近代化遺産』伊東孝、岩波書店
『日本の秘湯』日本秘湯を守る会、朝日旅行会
『日本山名辞典』武内正、白山書房
『春の野草』永田芳男、山と渓谷社
『山と高原地図・白山』昭文社
『山旅徹底ガイド』日本山岳会東海支部、中日新聞社
『続　山旅徹底ガイド』日本山岳会東海支部、中日新聞社
「わっぱ・大垣山岳協会会報」大垣山岳協会
『みのひだ地質99選』小井土由光編著、岐阜新聞社

あとがき

岐阜県美濃山域の山々を筆者なりにまとめた『岐阜の山旅100コース　美濃編』上巻の発行以来、十数年が経過しましたが、ここに飛騨編の発行に至りました。東海北陸道が開通したとはいえ、一宮市在住の筆者には飛騨の山々は遠く感じられ、そのために入山も気軽にとは言えないもので、今日の発行となりました。

美濃編では主に登山道のある山をまとめましたが、飛騨の山では美濃以上に道のある山は少なく、薮山と残雪期の山を含めての発行となりました。先駆者により登山道として紹介されている送電線巡視路や林業の作業道で、まだまだ世に知られていないものも多くあるかと思われ、その意味では今後登山道のある山としてとして紹介されるようになる山も多いかと思われます。また古い峠道やけもの道を辿って新たな山が紹介されることと思います。今後そうした「開拓」をされる方々に期待したいと思います。

インターネットの普及により、ウェッブ上で紹介されている山も数多くあります。それらも大いに参考にして飛騨の山に足を運んでいただきたいと思います。ただし、ネットで紹介している方たちは、それぞれ登山経験も異なり、記載内容のランク付けなども異なっていることを前提にしていただきたいと思います。また写真もデジタルカメラになり、多数の掲載も可能で、かえって未知の山域に入っているという魅力が削がれていると思われるのは残念なところです。

今回も大垣山岳協会の「わっぱ」各号を大いに参考にさせていただきました。感謝いたします。しっかりした報告記事だけでなく、山名と標高、わずかな文だけの報告記事も多く、山名を一枚の地形図から探しルートを想定する作業からは、未知の山に登る準備の第一歩を何度も味わうことができ、それは楽しい思い出でもあります。山名の読み方については棚瀬氏に多くのご教示をいただきました。紙上をお借りしてお礼申し上げます。

収録した薮山や残雪期の登山ではパートナーの存在は欠かせないものです。山カンだけが頼りで非力な私以上に力量のある、あるいは地図読みや山カンを修正してくれる良い仲間たちに恵まれました。これらの仲間なしには本書の発行に至ることはできませんでした。

筆者自身が関係する山での事故や、一つ間違えば生死に関わるもらい事故も経験し、その他の事情での何回かの中断を経て、発行の日を迎えることができました。この間踏査行に同行してくれた多くの山の仲間たちと、気長に待っていただいた劉編集長に深く謝意を申し上げるとともに、何よりも踏査行や執筆の結果をずっと待っていてくれた妻に感謝します。

吉川幸一

[執筆者紹介]

吉川　幸一
1952年生まれ。愛知県一宮市在住。
1969年、鈴鹿山系鎌ヶ岳初登山。
1990年代より岐阜県内の山を主に登る。
名古屋山岳同志会会員、同会長20期。
愛知県勤労者山岳連盟理事8期。
Yabuya2010@kuh.biglobe.ne.jp

山口　敬司（芦倉山〜大日ヶ岳）
1964年生まれ。名古屋山岳同志会会員。
愛知県在住。

村田　秀穂（白山、大倉尾根・北縦走路）
1948年生まれ。岐阜県在住。

装幀　全並 大輝

岐阜の山旅〈飛騨〉

2019年6月30日　第1刷発行
（定価はカバーに表示してあります）

編著者　吉川　幸一

発行者　山口　章

発行所　名古屋市中区大須1丁目16-29
振替 00880-5-5616 電話 052-218-7808　風媒社
http://www.fubaisha.com/

乱丁本・落丁本はお取り替えいたします。　＊印刷・製本／モリモト印刷
ISBN978-4-8331-0183-7

風媒社のガイドブック

あつた勤労者山岳会

新・こんなに楽しい愛知の130山

定価(1505円＋税)

歴史散策と展望を楽しむファミリー登山から、緑濃い奥山の自然を満喫できる深山ルートまで、初心者から登れる愛知県内の低山を徹底ガイド！最新情報をもりこみ、ますます充実の待望の〈新版〉！

吉川幸一 編著

[増補改訂版] こんなに楽しい岐阜の山旅100コース〈美濃上〉

定価(1500円＋税)

待望の岐阜登山ガイドに残雪期の山々も増補し大幅改訂。親切MAPと周辺情報も多彩に、低山歩きから本格登山まで楽しい山行を安心サポート。ファミリー登山から中高年愛好者まで必携のガイドブック。

吉川幸一 編著

こんなに楽しい岐阜の山旅100コース〈美濃下〉

定価(1500円＋税)

登りごたえあるアルペン級の山、知る人ぞ知る低山ハイキングの楽しみ等、岐阜の山の魅力を一挙に紹介する、大好評の山歩きガイドの下巻。楽しい山行をサポートするファミリー登山から中高年愛好者まで必携のガイドブック

全国登山口調査会

東海登山口情報300

定価(1800円＋税)

愛知・岐阜・静岡＋鈴鹿エリアの登山口308箇所を網羅した待望のガイドブック。アクセスや道路状況、駐車場、トイレから通信状況、周辺施設、立ち寄り湯まで！登山 計画に必携、必須の詳細情報を満載。

坂本朝彦

東海トレッキングガイド
●愛知・岐阜・三重・静岡・滋賀＋奈良

定価(1600円＋税)

自然の絶景を堪能し、新緑の芽吹きにであい、花のやさしさにふれる…。歴史の道を歩きながら、悠久の時に身を任せる…。初心者、家族連れから健脚トレッカーまで、それぞれに魅力あふれる厳選40コース。

宇佐美イワオ

ふれあいウォーク東海自然歩道

定価(1800円＋税)

手軽に楽しむウォーキングロードとして親しまれてきた東海自然歩道。愛知・岐阜・三重の全コース720キロを完全イラスト化し、所要時間、歩行距離、トイレの有無など、実際に歩いて集めた便利な情報を収録。オールイラストガイド。

内藤昌康

鉄道でゆく東海絶景の旅

定価(1500円＋税)

駅からちょっと足を延ばせば別世界！　カメラマンに人気の有名撮影地から、そして地元の人しか知らない穴場まで…気軽に楽しめる眺望スポット満載した絶景ガイド。収録地域：東海エリア　愛知、岐阜、三重、静岡、長野